생애설계와 취업전략

최인희

양성원

머리말

누구에게나 '꿈'이라는 말은 그 자체만으로 설레고 열정의 가슴을 만들기도 한다.

이 책은 제목에서도 느낄 수 있듯이 대학 졸업 후 끊임없이 삶에 대해, 진로와 취(창업)업 등 경력개발을 고민하는 대학생들을 위해서 만들어졌다.

이 교재를 따라 한 학기 준비하면 자신만의 포토폴리오를 만들 수 있으며 그 안에서 여러분 자신을 이해하고 자기강점을 찾아내고, 졸업 후 취, 창업을 통해 배워야 할 직업,직무실무까지 다루다 보면 새로운 인생포토폴리오가 완성되리라 믿는다.

이 책은 크게 3부분으로 구성하였는데 될 수 있으면 수업 중 내용을 받아 적는 시간에 중요한 것을 듣지 못하는 아쉬움을 고려해 워크북 형식으로 수업내용을 정리하였으며, 실제 각 기업과 관공서 및 지방자치단체에서 신입사원 대상 교육 훈련을 17년 한 저자가 신입사원 교육 내용을 실무로 현장에서 필요로 하는 알찬 내용만 담으려고 노력하였다.

첫 번째, 1장~3장은 내 삶을 살아가는 진정한 가치를 찾고, 나의 강점을 찾아보는 시간으로 나를 먼저 인지하고 이해하고, 탐색하는 것을 시작으로 먼저 간단한 각 장에 이론과 연습문제를 통해 자신의 생각을 작성하고 정리하고 피드백을 하는 시간으로 구성되어 있다.

두 번째는 4장 ~6장으로 진로를 탐색하는 시간으로 시시각각 변하고 있는 직업분화에 따른 직업의 구조도 다양화, 세분화, 전문화되고 있기에 자신만의 진로 및 포토폴리오의 설계가 매우 중요하다 여기어 진로를 탐색하는 과정으로 엮었으며

세 번째로는 7장~11장은 취,창업을 고민하는 모든 학생들이 사회에서 필요로 하는 직무능력을 포함하여 대인관계능력, 의사소통, 문제해결 능력 등 실무위주로 수업설계가 되어있으며 마지막 13장은 한 학기 수업을 통해 스스로 인생을 경영하는 시간관리를 학습하며 시간계획을 직접 설계하고 포부를 밝히며 수업을 마무리하는 장으로 구성되어 있다.

지금 이순간도 취업대란이라는 불안한 미래를 위해 힘들게 취업, 창업을 준비하는 학생들에게 더 큰 꿈과 미래를 잘 준비하는데 많은 도움이 되길 바란다.

끝으로 이 책의 출판을 도와주신 양성원 양성원의 강철원대표님, 황남수이사님, 그리고 편집부관계자 여러분께 깊이 감사드린다.

2016년 뜨거운 여름

최인희

Contents

Chapter 01

생애설계와 자기경영의 중요성

1. 생애설계

2. self leadership

1-1. 생애설계 - 행복의 특성

"행복"과 가까워지고 싶은가?

사람들은 자신이 하고 싶은 일을 할 때 큰 기쁨을 느낀다. 하지만 많은 사람들은 현실의 벽에 부딪혀 '하고 싶은 일'보다는 '해야 될 일'을 선택하는 경우가 적지 않다. 실제로 요즘 청춘들은 더 나은 미래를 위해 이른 바 '열정 페이'를 감내하는 경우도 있다. 그 어떤 세대보다 미래에 대한 걱정이 크다는 사실을 단적으로 보여주는 예다. '단군 이래 최대 스펙'이라는 표현이 쓰일 만큼 뛰어난 외국어 실력과 각종 자격증을 취득했음에도 요즘 청춘들은 여전히 불안에 떨고 있다. 목표를 설정해 철저히 준비하는 과정도 중요하지만, 목적이 없는 목표 설정으로 '삶의 행복이 무엇인지'를 놓치고 있기 때문이다.

그렇다면 우리가 행복 하려면, 어떤 방향으로 인생을 설계해야 할까?

어쩌면 우리가 일을 하는 궁극적 목표는 행복해지기 위해서라는 점에 동의를 하지 않을 사람은 없을 것이다.

그렇다면 행복하기 위해 무엇을 어떻게 해야 할까?

한평생 행복을 연구한 칙센트미하이는 그의 저서 몰입(flow)에서 우리가 행복이라고 부르는 것은 인생의 중요한 부분들을 내가 결정할 수 있다는 통제감과 우리가 하고 있는 일에 온전히 몰두할 수 있는 몰입의 두 요소를 포함한다고 말한다. 자신을 통제하고 잘할 수 있고, 즐겁게 할 수 있는 일을 찾기 위해서 먼저 자신을 잘 알고, 자기인식이 급선무 일 것이다. 그 첫 장으로 더 나은 미래를 준비하는 '나 ' 를 찾아보기로 하자.

MEMO

성공하기 위해서는 먼저 난 할 수 있다는 믿음을 가져야 한다.

-Michael Korda-

1-1. 생애설계 - 행복의 특성

사람들은 성공하기를 원하고 있지만 성공을 추구하기보다는 자신이 성공할 수 없는 다양한 이유를 대는 경우가 많이 있다.
그저 막연하게 열심히 하면 좋은 결과가 있겠지 하는 기대를 하고 있고요.
자신에게 주어진 삶을 하루 하루 열심히 살았는데 결국에는 원하는 삶과는 너무 먼 삶을 살고 있다고 후회하는 분들이 있다.
그러면서 지나온 삶에 후회가 들며, 무언가를 새로이 시작하기에는 많이 늦었다고 이야기하는 것을 보게 된다.
단순히 '열심히' 하는 것만으로는 뭔가 부족하다. 과연 무엇이 부족한 것일까?

신체적 차원의 쇄신

① 규칙적으로 운동하라

② 최신건강정보를 항상 살펴보라

③ 적절한 휴식과 수면을 취하라

④ 일상 생활의 습관에 문제점이 없는지 살펴본다.

⑤ 생각과 행동의 실천과정을 분리하라

⑥

1-1 생애주기

생애주기란 말 그대로 삶에 주기가 있다는 것이다. 매해 매해의 삶이 뚜렷이 구분되는 특성이 있는 것이 아니라 일정 시기를 중심으로 그 시기의 보편적인 삶의 특성을 드러낸다는 것이다. 물론 개인에 따라 그리고 소속된 사회에 따라 주기에 대한 구분이나 주기 별 특성에 있어 차이가 있겠지만, 대체로 어느 정도 일치하는 시기구분과 특성이 그려질 수 있다.

생애주기를 구분하는 기준은 연령이 가장 중심이지만, 인생의 주요 사건 역시 중요한 고려 기준이다. 대체로 연령과 인생사건을 기준으로 생애주기를 구분하는 것이 보편적인 접근이라고 할 수 있다.

생애주기란 말 그대로 삶에 주기가 있다는 것이다. 매해 삶이 뚜렷이 구분되는 특성이 있는 것이 아니라 일정 시기를 중심으로 그 시기의 보편적인 삶의 특성을 드러낸다는 것으로 개인에 따라 그리고 소속된 사회에 따라 주기에 대한 구분이나 주기 별 특성에 있어 차이가 있겠지만, 대체로 어느 정도 일치하는 시기구분과 특성이 그려질 수 있다. 생애주기를 구분하는 기준은 연령이 가장 중심이지만, 인생의 주요 사건 역시 중요한 고려 기준이다.

생애곡선 그리는 방법

- 자신의 과거 출생~유치원, 유치원~초등학교, 중학교~고등학교, 고등학교 졸업~직장생활 시작 전, 마지막 직장생활~
- 각각의 생애주기에서 행복했던 사건이나 상황 또는 경험들을 한가지씩 생각한다.
- 각 생애주기에서 불행했던 사건이나 상황, 경험들을 한가지씩 생각한다.
- 각각의 사건이나 일 경험 등 각 생애주기에서 자신에게 얼마나 행복하였는지를 판단한 후 그래프에 표시된 숫자를 고려하여 작성한다.

1-1 생애주기 인식변화

전통사회와는 달리 사회변화로 사회적 규범의 구속과 통제가 약해지고 개인의 개성 발현이 허용되면서 성인들도 아동 못지않게 불완전하며, 심리적으로 불안정하고 인간으로서 덜 성숙되고 사회문제를 야기하는 존재임이 드러나고 있으며 사회적, 교육적 관심이 필요한 존재가 되고 있다.

또한 생활환경 개선과 의학의 발달로 인간 수명이 연장되면서 인간의 삶에 있어 성인기 역시 크게 연장되고 있다.

평균수명이 70세 이상이 되는 사회에서 성인기는 예전에 비해 두 배 이상 연장되었다.

따라서 성인기도 성인전기, 중기로 세부 구분되고 성인 후기의 연장에 따라 노인기도 다시 세분화되고 있다.

성인기의 인식변화

- 사회적 규범의 구속과 통제가 약해짐
- 개인의 개성 발현이 허용

- 성인들도 아동 못지않게 불완전함
- 인간으로서 덜 성숙함
- 사회문제를 야기하는 존재

성인기의 연장

- 생활환경 개선
- 의학의 발달
- 인간 수명 연장

- 성인기 두 배 이상 연장
- 성인기도 성인전기, 중기로 세부 구분
- 성인 후기의 연장으로 노인기도 세분화

1-1 생애 곡선 그리는 방법을 참조하여 자신의 생애곡선을 그려보자.

첫째, 자신의 과거의 삶을 출생에서 유치원까지, 유치원에서 초등학교까지, 중학교에서 고등학교까지, 고등학교 졸업하고 직장 생활을 시작하기 전까지, 마지막으로 직장생활을 시작해서 지금까지의 과거의 생애를 5단계로 생각한다.

둘째, 각각 생애주기에서 가장 행복했던 사건이나 경험을 한가지 씩 생각한다.

셋째, 각각 생애주기에서 불행했던 사건이나 상황 또는 경험들을 한가지씩 생각한다.

넷째, 각 사건이나 경험 등이 각 생애주기에서 자신에게 얼마나 행복한 시간 이였는지 생각하여 그래프에 표시된 숫자를 표시한다.

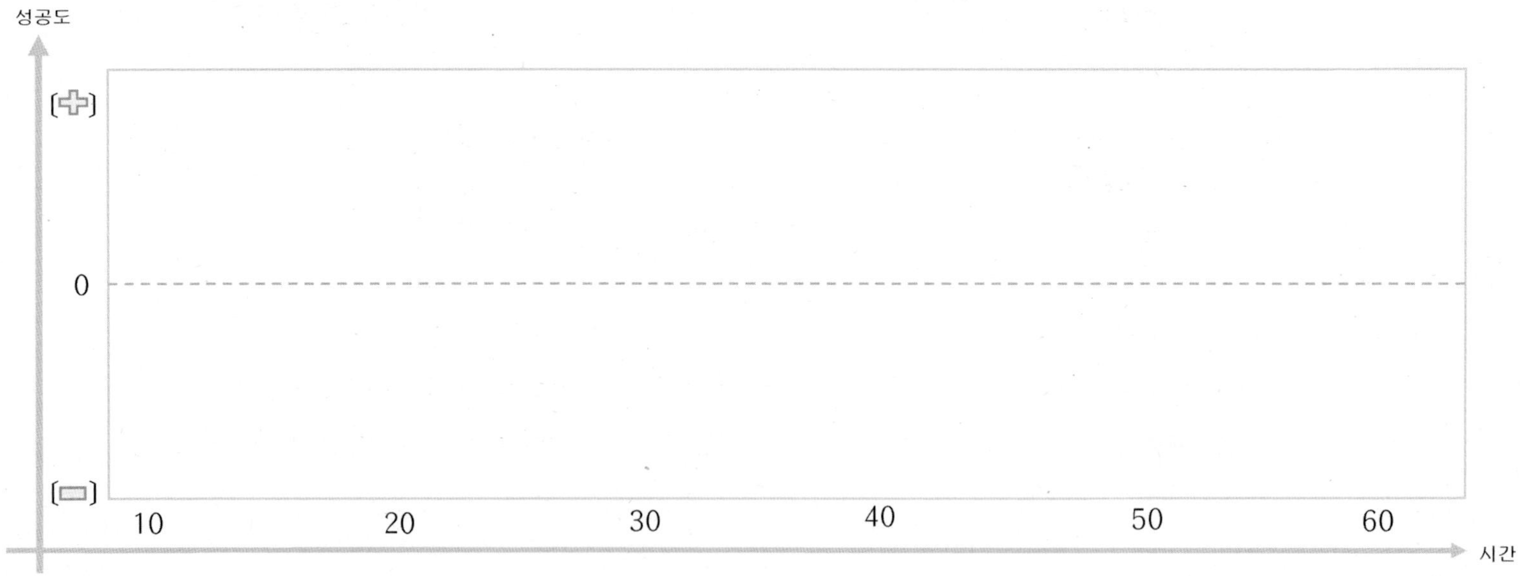

1-2 나를 찾아 떠나는 셀프 리더십(Self- Leadership)

삶의 주체성 자각

사람들은 리더십을 팀장이나 경영진들이 발휘하는 것으로 생각하지만, 그것은 리더십에 대한 오해다.

리더십에 대한 정의는 너무나 다양하지만 보편적인 의미에서의 리더십은 '다른 사람에게 영향력을 미치는 것'이라고 볼 수 있다.

리더가 리더십을 발휘할 수 있는 최소단위는 바로 자기자신이다. 셀프리더십(self-leadership)은 리더가 조직구성원에게 영향력을 행사하는 전통적인 리더십과 달리 자기가 자기 스스로에게 영향을 미치는 과정으로 1980년대 이후 경영환경의 급격한 변화와 구성원의 가치관 변화 등에 따라 신세대 조직 구성원들의 관리를 위한 대안으로 Manz & Sims(1980)가 Kerr & Jermier(1978)의 리더십 대체요인 이론에 근거하여 제시한 리더십 이론이다. 이러한 셀프리더십은 전통적인 팔로우어십(followership)의 개념과는 다른 '자신에게 초점을 맞춘 리더십(leadership focused on oneself)인 것이다.

즉, 자신에게 영향력을 발휘한다는 측면에서 보면 우리는 누구나 리더가 될 수 있고, 리더인 것이다.

내 인생의 프로그래머 되기 위해서는 자기가 자신의 행동과 태도, 생각에 영향을 줌으로써, 자신의 삶을 지금보다 더 나은 것으로 이끌어 갈 수 있는 셀프리더십이 필요하다.

리더십의 최소단위 — 자기 자신 — 누구나 리더가 될 수 있음

<Think About>

1-2 셀프리더십 - 책임감이 중요한 이유

책임감이 중요한 이유는 무엇이라 생각하는가?
이유는 책임감은 자신의 삶에 대한 통제감을 갖게 하는 데 반드시 필요한 요소이기 때문이다.
'내 인생의 주인공은 나 자신이다' 라고 이야기할 수 있는 사람은 오직 자신에 대한 책임을 온전히 가지고 있는 사람뿐이다.
예를 들어보면, 어린 시절로 돌아가 보면 어린아이들은 자신의 삶에 대해 책임을 가지고 있지 않다. 대부분 아이들의 생활은 부모님이 책임지며, 심지어는 기본 욕구조차 부모님이 해결해 주는 것이 당연하다 여긴다. 이런 아이가 자라면서 학교에 들어갈 때는 일정 부분 학교에서 책임을 지고, 학업에 대한 책임을 학교에서 져 주고, 아직까지 부모님들이 많은 부분 책임을 지게 되는 선순환을 거치며 성장한다. 이러한 패턴 속에 대학생이 되어도 마찬가지고 성인이 되어서도 마찬가지다. 그러다 보니 오로지 취직만 하면 된다는 생각으로 최고의 스펙만 고집하며 겨우 취업한 후 우리는 또 직장에서 생계를 책임져 주기를 원하고 정부에서 자신의 삶을 책임져 주기를 바란다.

❖ 여러분에게 "성공" 은 무엇인가?

만약 여러분이 미래의 어느 시점에서 성공을 했다면 어떤 직업과 어떤 것들을 소유했으며, 어떤 가치를 두고 살고 있을까?

나의 생각 :

MEMO

인생에 있어서 성공의 의미를 다음과 같이 인식한다.
"외부에서 다른 사람이 나를 바라보았을 때, 내가 능력이 있다고 여기고 명예나 경제력을 보여줄 수 있는 정도로 인정받을 수 있는 성취상태" 를 말한다.

반면 외적 평가요소 뿐만 아니라 내면적 성공(inter success)까지 균형과 조화를 이루었을 때 삶이 공허해 지지 않는다.

-워랜버핏 book 中-

1-2 인생수레바퀴

만약 여러분이 미래의 어느 시점에서 성공을 했다면 어떤 직업과 어떤 것들을 소유했으며, 어떤 가치를 두고 살고 있을까?

어떤 바퀴에 영향을 받을 것인가

어떤 바퀴에 영향을 받느냐에 따라 인생은 달라진다.

자신의 의지와 관계없이 타인의 의지나 의견에 따라 움직이는 수동적인 바퀴

자신의 의지가 아니면 어느 누구도 움직일 수 없는 능동적인 자아에 의해 움직이는 자발적인 바퀴

<Think About>

개인의 삶의 질은 어떤 분야를 선택했든 최고를 향한 의지에 따라 결정된다.

-Vincent T. Lombardi-

1-2 생애설계 - 삶의 태도

성공의 '85%'는 '긍정적 태도'에 의해 결정

태도 ---〉 잠재능력 가능성,

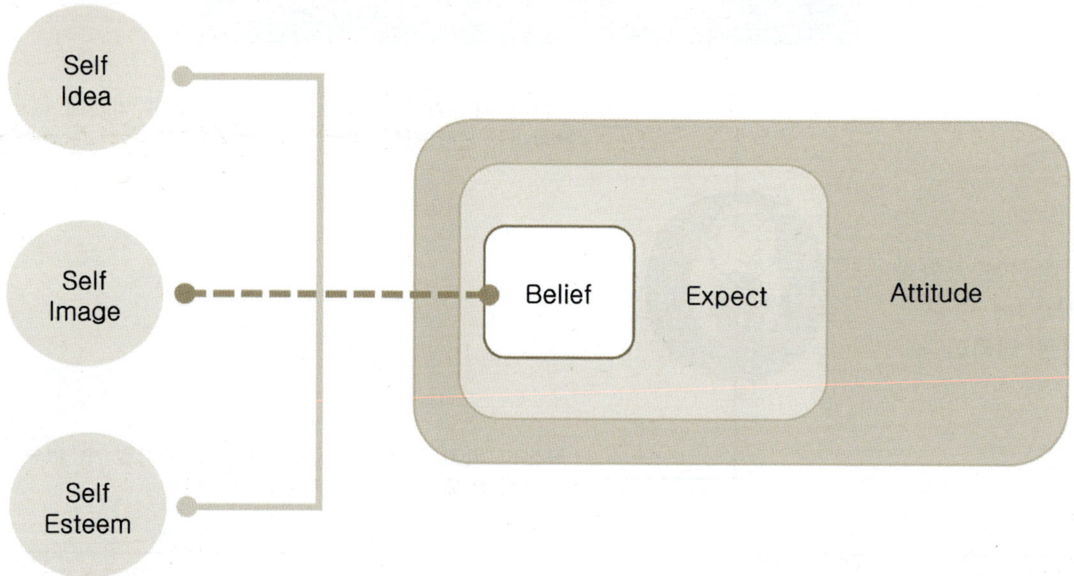

〈Think About〉

1-2 비주체성과 주체성

(   )이라는 사람은 모두가 굶주림으로 죽어가는 수용소에서 함께 하는 사람들에게 빵을 나눠주는 인간을 통해 위대성을 발견했다. 인간의 운명은 환경의 요구에 의해서 결정되는 것이 아니라 환경을 해석하는 나의 방식에 의해서 결정되는 것이다.

따라서 셀프리더십은 환경의 자극에 즉각적으로 반응하는 것이 아니라 환경의 자극을 통해 형성되는 반응의 방식을 어떠한 해석으로 대응하는 가에 따라 달라진다.

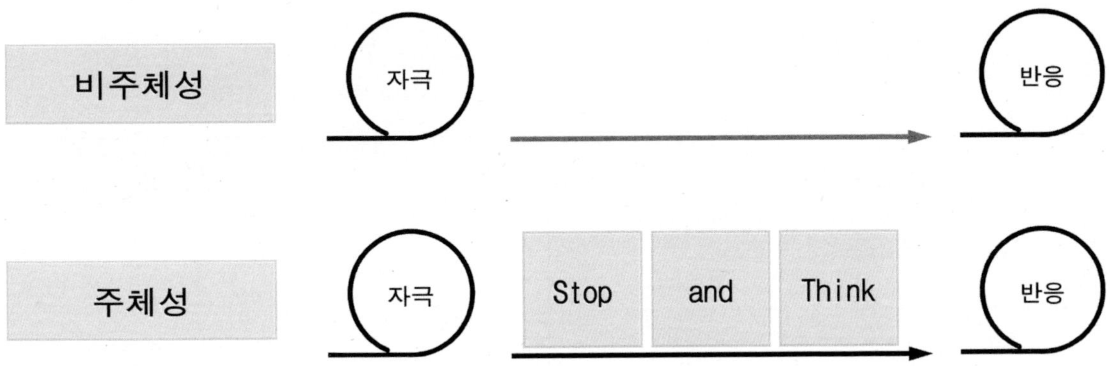

[외적평가 VS 내적평가 (워렌버핏 VTR영상)] :

> ➢ 어려운 시점에도 누군가는 성공하고 있고, 누군가는 실패를 하고 있다는 것을 알 수 있다. 같은 상황에서도 어떠한 패러다임을 가지고 있느냐에 따라 성공할 수도 있고 실패할 수도 있는 거군요.

1-2 자존감과 열등감의 이해

자존감(자기 긍지, 자부심)은 스스로 자신이 가치 있는 존재라고 느낄 때 경험되는 감정이다. 자신의 성취와 능력을 스스로 긍정적으로 평가할 때 자기 긍지를 강하게 느낀다.

열등감은 타인과 비교하며 상대적으로 가치 없는 존재로 느낄 때 경험한다. 자존감이 낮은 사람들의 특징은 자신을 무능하다고 느끼며 타인으로부터 거절을 두려워한다.

다음 자존감이 높은 사람과 자존감이 낮은 사람의 특징을 살펴보자.

자존감	열등감

1-2 자긍심과 자만심의 구분

자기마음을 경영하기 위해서는 다음과 같은 것도 필요하다.

자신의 힘을 온전히 인식해야 한다. 모든 사람은 강력한 내적 에너지를 갖고 있다.

이를 위해서는 먼저 자신과의 관계를 회복해야 하는데 가장 무서운 적은 나 자신이다. 나 자신과 좋은 관계를 가진 사람만이 남과 좋은 관계를 유지할 수 있다. 그러기 위해서 자긍심과 자만심을 구분해야 한다. 자만심은 일종의 정신적 비만증으로 비만은 영양과잉섭취로 몸과 마음에 힘이 너무 들어가 있는 것이다.

반면 건강한 자긍심을 갖은 사람은 굳이 몸과 마음에 힘을 줄 필요가 없다.

자긍심은 자신의 장점과 단점을 통합해서 오는 능력으로 표현 할 수 있으며 나뿐 아니라 상대의 나르시시즘도 같이 인정할 때 자긍심이 생긴다.

자긍심	자만심
➤ 자만심은 일종의 정신적 비만증	➤ 자만심은 일종의 정신적 비만증

1-2 수업을 시작하며 바라는 사항 작성하기

한 학기 수업 목표	기대사항

절취선

<VTR 소감문 작성> 20 년 월 일 / 학번: 이름:

Chapter 02

채용시장 분위기

1. 채용시장의 최신 트랜드

2. 취업을 위한 목적의식 – 인재상

2-1 채용시장 트랜드 - 신문기사 참조

올해에는 글로벌 경기 불확실성 등의 여파로 국내 주요기업들이 채용규모를 예년보다 줄일 것으로 보여 경쟁이 한층 치열해질 전망이다. 16일 취업포탈 잡코리아에 따르면 국내 매출액 상위 500대 기업 중 상반기 대졸 정규 신입 직 채용을 진행할 것이라고 밝힌 86개사의 채용인원은 총 9403명으로 지난해보다 4.8% 감소한 것으로 조사됐다.이렇듯 취업 문이 '바늘구멍' 처럼 좁을 때는 기업이 요구하는 인재상을 먼저 파악한 뒤 그에 맞춰 면밀한 대비책을 마련하는 것이 중요하다.

이번 상반기 공채에서 대기업들이 원하는 인재상의 공통분모는 '열정'과 '전문성'이다. 단순한 '스펙'보다는 자신의 분야에서 남들과 차별화되는 경쟁력을 갖췄는지 여부가 당락을 크게 좌우할 것으로 보인다. 더불어 창의력과 전략적 사고, 의사소통능력도 주요 관심사다.

'재계 1위' 삼성그룹은 지난 14일부터 대졸 신입사원 공채 일정에 돌입했다. 삼성은 오는 21일까지 그룹 채용 사이트 '삼성 커리어스' 홈페이지를 통해 대졸 신입사원(3급) 공채 원서접수를 진행한다. 이어 22~29일 직무적합성평가를 거쳐 통과자들에 한해 4월 17일 삼성직무적성검사(GSAT)를 치른다. GSAT 날짜는 고사장 사정 등에 따라 변경될 수 있다.

삼성 관계자는 "단순한 '스펙 쌓기'를 탈피해 나만의 차별화된 역량을 키우는 것이 중요하다"며 "지원업무에 대한 전문 지식을 다양하게 습득하는 것도 중요 평가사항"이라고 말했다.

현대차그룹은 지난 2일부터 14일까지 서류접수를 완료했다. 이후 4월 인적성검사(HMAT), 1·2차 면접, 6월 신체검사 등을 거쳐 최종 합격자를 선발한다.

현대차는 △해당 직무에 대한 이해도 △구체적인 비전 △파트너십 등을 두루 갖춘 지원자를 선발할 계획이다. 영어면접 역시 눈여겨볼 방침이다. 현대차 관계자는 "반드시 영어를 현지인 수준까지 잘할 필요는 없지만 실제 업무에 필요한 영어회화능력을 갖췄는지 여부를 눈여겨볼 방침"이라고 밝혔다.

SK그룹은 오는 18일까지 서류접수를 받은 뒤 다음달 8일 합격자를 발표한다. 이후 4월 24일 필기시험(SKCT)을 실시한 뒤 3차례 면접을 거쳐 최종 합격자를 선발할 계획이다. SK는 이번 채용과정에서 실무 능력을 보다 자세히 들여다보기 위해 입사지원서 기재 내용 중 스펙 관련 항목을 삭제했다. 창의성도 중요 평가사항이다.SK관계자는 "상반기 채용과정에서 창의성이 여전히 중요한 요소로 작용할 것"이라며 "같은 것을 보더라도 나만의 시선으로 다르게 해석하는 훈련을 지속적으로 하면 도움이 된다"고 조언했다. SK는 지난 2013년부터 '바이킹챌린지' 전형을 통한 탈스펙 채용도 적극 활용 중이다.

LG그룹은 오는 21일까지 채용포털 사이트인 'LG 커리어스'를 통해 서류 지원을 받는다. 최대 3개사까지 중복 지원이 가능하며 이후 인적성검사, 면접을 거쳐 7월~8월 중 최종 입사자를 결정짓는다. LG는 신념과 실행력을 겸비한 동시에 지원 직무에 대한 전문성을 갖춘 인재를 선발할 계획이다. 취업준비생이 가장 유의해야 할 점으로는 '경쟁력이 없는 분야에 지원하는 것'을 꼽았다. LG 관계자는 "어디든 붙고 보자는 '묻지마식' 지원을 하는 경우가 많은데 이런 자소서를 보면 안타깝다"며 "아무리 뛰어난 사람이어도 자신이 가진 역량과 다른 곳에 지원하면 경쟁력이 없어 보여 대부분 불합격 처리된다"고 조언했다. 이어 "자신의 특징과 잘 맞는 직무를 찾아서 어필해야 면접관을 설득할 수 있다"고 덧붙였다.

2016-03-16 10:33 / 브릿지 경제신문

2-1 채용시장 트랜드 – 신문기사 참조

대기업과 중소기업이 원하는 인재상이 다른 것으로 나타났다.
잡코리아 좋은일 연구소가 대기업 및 중소기업 596개사를 대상으로 '채용하고 싶은 인재 유형'에 대해 조사한 결과, 대기업에서는 '책임감'을 꼽은 인사담당자가 52.3%로 가장 많았고, 중소기업은 '성실성'을 꼽은 인사담당자가 73.3%로 압도적으로 많았다.
그 다음으로는 대기업은 성실성(44.2%) 적극성(43.0%) 창의력(31.4%)과 끈기(31.4%)가 있는지 중요하게 살펴보겠다는 답변이 높았고, 중소기업은 책임감(63.5%)과 적극성(56.3%)을 높이 평가하겠다는 답변이 높았다.

대기업은 상대적으로 추진력(15.1%)과 도전정신(15.1%) 끈기(31.4%)를 중요하게 살펴보겠다는 답변이 중소기업에 비해 상대적으로 높았고, 중소기업은 상대적으로 성실성(73.3%)과 책임감(63.5%) 적극성(56.3%)을 중요하게 보겠다는 답변이 대기업에 비해 높았다.

성격유형 검사방식의 한 종류인 MBTI 검사의 결과를 나타내는 16가지 유형을 보기문항으로 '채용하고 싶은 신입사원 유형'에 대해 조사한 결과, 대기업과 중소기업이 채용하고 싶은 신입사원 유형이 달랐다.
대기업은 '성실하고 온화하여 협조를 잘하는 유형(39.5%)'을 중소기업은 '한번 시작한 일은 끝까지 해내는 유형(39.4%)'의 직원을 채용하고 싶다는 답변이 가장 높았다.

김은정 잡코리아 차장은 "성격유형 검사도구인 MBTI 유형으로 본 결과도 기업이 선호하는 신입사원은 기존 조사결과와 크게 벗어나지 않는다“ 면서도 "다만 기업규모에 따라 신입사원에게 요구하는 역할에 있어 상대적인 차이가 순위에서 드러난 것으로 보인다"고 설명했다.

이어 "규모가 큰 기업일수록 업무능력과 책임감만큼이나 상사를 보필하고 동료를 지원하는 직원을 선호하고, 직원이 적은 중소기업은 개개인이 자신의 역할에 최선을 다하고 조직적으로 일을 잘 처리하는 책임감이 강한 직원을 선호한다"고 말했다.
잡코리아 좋은 일 연구소는 2월 6일부터 13일까지 대기업 86개사와 중소기업 510개사 등 총 596개 기업을 대상으로 이메일 설문조사를 진행했다.

2015-02-26 10:33/ 매일 경제신문

2-1 취업(채용) 시장의 변화 읽기

시간이 지날수록 기업의 경쟁은 치열해지고 있다. 현재 우리나라는 65세 인구가 2018년 14%가 되어 고령사회가 되고, 2016년은 20% 이상이 되어 초고령 사회로 진입한다고 통계청자료에 보고된다.

이에 따라 미래 사회는 평생 일하는 평생직업이 되는 변화가 따를 것으로 예상되고 있다. 현재 대학진학률이 70%를 웃돌고 있어 이제 직업에 대한 지식과 직무능력은 기본역량이 되는 실정이다.

더 이상 대학진학, 졸업장만으로는 100세 시대를 살아가기에는 어려움이 있으므로 꾸준히 직무와 관련된 정규 교육을 이수하고 끊임없이 자기계발을 해야 한다. 문제는 기업은 경쟁력을 갖춘 인재를 찾고 있는 반면 20대 취업란에 힘들어하는 학생들은 심각한 구직란에 겪고 있는 이율배반적인 모순에 빠져있는 실정이다.

워크넷에서 실시하는 성인대상 심리 검사

- ✓ 성인용 직업적성검사
- ✓ 직업선호도검사
- ✓ 창업적성검사
- ✓ 직업가치관 검사
- ✓ IT직무 기본역량 검사
- ✓ 준고령자 직업선호도 검사
- ✓ 대학생 진로준비검사

2-1 취업(채용) 시장의 변화 읽기

취업을 준비하려면 먼저 채용정보를 자주 찾아보고 유용한 웹사이트를 즐겨 찾기로 설정 한 후 주기적으로 관련 정보를 탐색해야 한다.

현재 우리나라 채용 시장에는 다음과 같은 변화가 나타나고 있으므로 읽어보며 새로운 변화에 맞춰 취업을 준비하도록 한다.

(1) 국내외 경기 전망이 불투명해지자 기업들이 채용인원을 하지 않는다. 일자리 감소는 지속적으로 증가하고 있는 실정이다.

(2) 여성인력 진출이 늘고 있다. 경쟁력을 갖춘 여성들이 늘어나고 있기 때문이다.

(3) 신입사원보다는 경력사원을 선호한다. 신입사원 한 명을 훈련하는 1인 교육비용이 1억 원 이상 필요로 하다 보니 바로 실무에서 활용 가능한 인재를 선호할 수 밖에 없다.

(4) 인력수급의 편차가 확대되고 있다. 청년 실업35만 명인 데 비해 외국인 노동인력은 40만 명에 이른다. 중소 사업장, 소규모 사업장일수록 인력 부족현상이 심각한 상황이다.

(5) 지원업무에 필요한 심층 면접이 활용된다. 이색적인 다양한 면접 방식을 도입하고 채용조건이 점점 더 까다로워 지고, 글로벌산업화에 맞추어 외국어 능력이 중시되고 있다.

참고 자료

- ✓ 고용노동부HRD-Net (www.hrd.go.kr)
- ✓ 사람인 (www.saramin.co.kr)
- ✓ 인크루트 (www.incruit.com)
- ✓ 잡코리아(www.jobkorea.co.kr)

2-2 취업(채용) 준비도 평가

질문	응답	응답 평가 (5점 ~ 1점)
1. 기업에 입사하여 하고 싶은 구체적 업무는?		
2. 내가 하고 싶은 일의 주요 내용은?		
3. 그 일을 하기 위해 필요한 능력 5가지는?		
4. 그 능력을 갖추기 위한 준비계획은 세웠는가?		
5. 취업을 위해 필요한 학점을 유지하고 있는가?		
6. 취업을 하기 위한 스펙에 대해 알고 있는가?		
7. 자기 자신이 항상 믿음직스러운가?		
점수 총계		

평 가 해 석

2-2 취업을 위한 목적의식 - 직업세계

산업의 변화는 한 개인의 운명을 바꾸기도 한다. 최근에는 인터넷의 발전과 보편화 현상으로 일의 집중화에서 재택근무가 가능한 근무형태로 변하고 있고, 직장선택에 있어서 자신의 적성, 흥미, 능력 등을 살펴서 자신이 생각하고 추구하는 삶의 목적을 고려하여 선택하는 상황이다.

이처럼 빠르게 변화하는 직업적 변화를 예측하고, 잘 적응하고, 자신에게 맞는 유망직업을 찾아내는 것이 직업적 선택에 있어 무엇보다 중요하다고 말할 수 있다.

직업(職業)이라는 말은 '직과 업 ' 의 합성어로 직(職)이란 직무라는 관직적 뜻과 직분을 맡아 행하는 개인적 역할이라는 뜻이며 '업(業)'이란 생계를 유지하기 위해 전념하는 일이라는 뜻으로 직업이라는 말은 생계유지를 수반한 노동성의 이중적 의미를 가지고 있다. 직업은 삶을 살아가는 가장 중요한 수단이며, 직업생활을 통해 자신의 삶의 가치를 만들어가는 것이다.

유망직업 조건

1) 고용 안정성을 들 수 있다.

2) 비교적 높은 임금을 들 수 있다.

3) 삶의 질을 들 수 있다.

4) 전문성과 기술력이 필요로 한 직업이 미래 직업으로는 각광받을 수 있다.

5) 웰빙, 웰다잉과 더불어 건강한 삶의 건강한 정신에 관련된 직업이 각광받게 될 것이다.

2-2 취업을 위한 목적의식

여러분이 생각하는 좋은 직장은 어떤 곳인가? 중요하게 여기는 것 1개를 체크한 후 빈칸에 새로운 조건을 추가 작성해 보자.

좋은 직장의 조건	선택여부(O, X)
① 고용이 안정적이다.	
② 연봉이 높다.	
③ 조직 내 의사소통이 자유롭다.	
④ 경영자의 기업 철학이 투명하고 공정하다.	
⑤ 기업문화가 좋다.	
⑥ (작성)	
⑦ (작성)	

<생 각 해 보 기>

전진에는 항상 위험이 따른다. 1루에서 뛰어야만 2루로 도루할 수 있다.

-Fredrick Wilcoxs-

2-2 취업을 위한 목적의식 - 생각해보기

○ 적성 파악과 (   )에 대한 고민 더 했어야..33.6%

○ (   ) 하나라도 제대로 마스터했어야….(18.9%)

○ (   ) 공부에 더 충실했어야…..(13%)

○ 여행, 취미생활 등을 더 열심히 했어야….(10.7%)

참고서적

2-2 닭둘기가 날지 못하는 이유

비둘기는 하늘을 높이 날 수 있는 완벽한 신체적인 조건을 갖추고 있다.

그러나 공원의 비둘기(닭둘기)는 닭처럼 날지 못한다.
언제나 먹을 것이 놓여 있기 때문이다.

목적이 없으면 날지 못한다.
목적이 있어야 능력이 개발된다.
목적 없으면 잠재능력을 죽인다.

❖ 서울에서 제주도까지 단 한 걸음에 갈 수 있는 방법은 없다.
내가 목표하는 직장, 직업을 위해 꾸준히 준비하는 노력과 시간이 필요하다.

대기업 인사 담당자가 원하는 인재상(참고)

대학이 생각하는 '인재' 와 기업이 생각하는 '인재' 상에는 분명한 차이가 있다.

- ✓ 정보능력 및 문서 작성 능력
- ✓ 대인관계와 커뮤니케이션 능력
- ✓ 인성 교육(매너)
- ✓ 프레젠테이션 능력

2-2 도전정신

노동 시장이 어떻게 되어 있고, 직업 세계가 어떻게 되어 있고, 어떠한 어떠한 직업들이 지금 뜨고 있고, 앞으로 어떻게 될 건지 이런 거에 대한 직업 세계에 대한 탐색이 필요하다. 이 두 가지를 바탕으로 해서 그럼 과연 나는 내가 할 수 있는 일이 뭔가를 결정을 해서 장기적인 진로 계획을 세워야 된다. 사회 생활을 잘 하기 위해서 가져야 하는 마음의 자세와 태도로는 여러 가지가 있는데 첫 번째로 진정성으로 취업을 해도 그만, 안 해도 그만이 아닌 자신이 정말 진심으로 이 일을 감사하고, 하려고 하는지에 따른 진정성이 필요하다.

그리고 두 번째 제가 이제 또 생각하는 것은 저도 이게 참 어려운 부분인데 요즘은 평생 직장이 있는 게 아니라 평생 직업이 있는 시대라고 말한다. 그래서 이제 자기계발을 꾸준히 해야 된다는 것이다. 자기 계발을 하지 않으면 언제 도태될지도 모르고 한 번 취업이 된 것으로 어떻게 여기서 버텨서 나가자 라는 식의 이런 안일한 생각 갖고는 절대로 나갈 수 없다는 것이다.
세 번째로는 사회생활에서 가장 중요하다고 말할 수 있는 대인관계능력을 갖추라는 것이다. 사회생활은 내편도, 무조건 지원,독려해주는 부모님과의 관계가 아니다. 대다수 직장인들이 이렇게 이야기한다.

"세상에 나와보니까 관계에서 쉽지가 않아요. 제가 아무리 힘들고 어렵다고 얘기를 해도, 제 얘기를 들어주는 사람 아무도 없었고요. 그렇게 힘들 수가 없었어요." 라고 말한다. 취업하기 전에는 능력과 스팩, 인성 등으로 평가되어 입사되어 합격여부를 결정하지만 사회생활, 업무 속에서는 관계성의 능력이 직장생활의 행,불행을 결정짓고 성과에도 지대한 영향을 미치게 된다는 것을 명심하기 바란다.

<생각해보기>

인생의 대부분은 자신이 만든다.

-Samuel Smiles-

2-2 기업에서 요구하는 인재

기업은 재화와 용역을 생산하고 소비자에게 공급하고 대가를 통해 수익을 내서 이익을 남기는 것이 사업을 하는 목적이다. 이 목적을 달성하기 위해서 능력 있는 사람들을 필요로 하고 모든 부서가 중요하고 다 필요하지만 특별히 힘들고 어려운 부서일 경우는 더 탁월한 인재역량을 요구하고 찾기 마련이다. 기업에서 인재를 창출하고자 할 때 끊임없이 경쟁사와 경쟁을 하기 위해서는 기업이 당면한 문제를 효율적으로 해결할 수 있는 인재를 뽑고, 유능한 사람을 얻어 이들을 교육하고 일정기간 훈련을 통해 적재 적소에 배치하고자 한다.

기업이 요구하는 인재상을 이해시키고 직무수행의 결과를 통해 보상해주고자 한다. 그렇다면 어떤 인재가 기업에서 요구하는 인재인지 시장상황을 점검해 본다. 기업 경영환경은 다음과 같이 변화하고 있다. 그에 따라 필요한 인재도 함께 변화하고 있다
여러분은 과연 이러한 조건에 부합하는 인재인지 확인해 보자.

최근 기업환경

- 수평적 상호 협력
- 창의력 존중
- 문제해결능력
- 인성
- 소비자 중심의 수요 발굴
- 팀제 조직

필요한 인재

- 유연한 사고방식
- 대인관계 능력이 뛰어난 사람
- 창조적 전문가(융합인재)
- 팀웍(Teamwork)이 강한 사람
- 서비스정신이 강한 사람
- 존중(공감, 배려)할 줄 아는 사람

2-2 기업에서 요구하는 인재기준

최근 기업이 기대하는 인재의 조건은 무엇일까?
여러분은 과연 이 질문에 대해 구체적인 답변을 자신 있게 할 수 있는가? 아니면 어느 부분에 보완 개선할 점이 있다고 생각하는가?
기업별로 원하는 인재상을 정리해 보자.

S 그룹 / H 그룹

- 열린 생각, 열린 마음
- 행동으로 옮기는 사람
- 창조력 예지능력
- 강인한 추진력을 지닌 사람
- 회사에 대한 충성심

GE의 4E

- Energy(열정과 에너지)
- Energize (동기부여)
- Edge(선택과 집중)
- Execution(실행)

D그룹 / K 은행

- 전문성과 능동적인 태도
- 고객우선
- 확고한 인생관
- 혁신마인드와 전문지식
- 사고의 유연성

2-2 기업에서 요구하는 인재평가 기준

각 기업에서 인사평가를 위해 검토하고 검토할 때에는 일정한 평가 기준을 근거로 하여 진행하게 된다. 일반적인 인재 평가 기준은 무엇일까? 평가기준에 해당하는 사항들이 인재로써 갖추어야 할 능력과 역할인 것이다.

업무수행 능력	전사핵심역량	직무핵심역량
▪ 고객지향	▪ 고객마인드	▪ 자기경영, 자기계발
▪ 의사결정	▪ 커뮤니케이션	▪ 대인관계능력
▪ 이해력	▪ 어학능력	▪ 문제해결능력
▪ 설득력	▪ 업무지식	▪ 손익마인드
▪ 표현력		▪ 정보수집

2-2 직장인의 태도

직업을 선택하는 것은 매우 어려운 일이다. 직업뿐이 아닌 우린 모든 순간에 선택하는 삶을 산다. 그 중 20대들에게 취업에 따른 선택을 해야 하는 불안감속에서 자신이 직업선택을 하는 의식은 개인의 내적인 과정이며, 적성과 강점을 고려하여 인생목표를 설정하였다면, 장기적으로 전망이 있는 직업을 달성하기 위한 전략수립과정으로 매우 중요한 의사결정이 시작된다. 삶 속에 우리는 무엇보다 선택의 중요성을 인지하였으면 한다. 선택은 그 일에 몸을 담는 결정이며, 이후 과정 속에 일어나는 모든 것을 책임을 져야 한다. 따라서 취(창)업에서 무엇보다 머리로만 진로계획을 세우지 말고 직접 발로 뛰는 실천과 행동이 중요하다. 20대는 실패가 허용되는 유일한 시간, 즉 황금대에 무엇이든 선택한 후엔 집중과 몰입을 통해 한가지라도 일을 해두는 것이 자신을 성장시킨다. 직업선택을 위해서 자신의 적성과 핵심역량을 드러낼 수 있는 분야가 무엇인지 평소 관심을 갖고 취업센터나 지도교수 상담을 통해 조기에 진로방향을 고려하여 장기적인 전략을 수립하여 실행하도록 한다.

직업선택

시사상식 : 신문구독을 통해 최근 시사에 정통하도록 준비

태도, 인성 : 대인관계 형성을 잘하기 위해 표정, 인상, 태도, 습관을 늘 점검

봉사(나눔) : 적극적인 사회봉사 활동으로 나눔을 몸소 실천

협력자 : 교수님, 선배, 취업센터 희망하는 직업군에 멘토가 될 수 있는 친인척 활용

외국어구사능력 : 영어는 기본이며 제2외국어 등 장기적인 전략을 수립

2-2 선택직업의 결정 유형

직업정보는 한국직업정보시스템을 활용하지만 문제는 직업을 선택하며 전반적인 직업정보 비교과정에서 경험부족, 정보가치수준을 서열화하는 어려움이 따른다. 먼저 직업을 선택함에 있어 잘하는 것, 좋아하는 것, 가치 있고 흥미 있는 일을 할지 먼저 심사숙고해야 한다. 두 번째 현실적 가치기준으로 돈이라는 가치기준을 고려해야 한다. 경제력은 직업을 선택하는 데에 중대한 결정요소 중 하나이기 때문이다. 세 번째, 타인과 더불어 일하는 것이 좋은지, 혼자 일하는 것이 생각해봐야 한다. 이 경우는 개인적인 능력과 성과지향으로 조직에 임하다 보면 불협화음이 날 수 있고 팀, 조직에서 어려움이 발생하기 때문에 함께 소통하고 지원하고 독려하는 마음가짐이 필요하다.

구 분	내 용
직관적인 유형	
합리적인 유형	
의존적인 유형	

2-2 선택직업의 결정요소

모든 사람들에게는 꿈이 있다. 직업선택의 의식은 직업선택을 해야 하는 인식단계와 개인의 내적인 과정이며, 자신의 적성과 강점을 고려하여 미래 지향적으로 전망을 통찰하며 이를 달성하기 위해 전략을 수립해야 한다.

자신이 평생 (내 직업을 통해) 하고 싶고 이루고 싶은 일은 무엇인가?

직업 능력을 갖춘 인재가 되기 위해 갖추어야 할 요소 VS 버려야 할 요소

기간	나의 모습	
	갖추어야 할 요소	버려야 할 요소

절취선

절취선

<VTR 소감문 작성> 20 년 월 일 / 학번: 이름:

❖ 영상보기 : 하고 싶은 일보다, 잘하는 일에 집중하라

Chapter

03

자기탐색과 직무선택 1

1. 욕구 이해하기

2. 강점 · 약점 탐색하기

3-1 욕구 이해하기

인간의 욕구는 다섯 가지 욕구로 나뉠 수 있다.

첫째 기본적 욕구,
둘째 사회적 욕구,
셋째 자아욕구,
넷째 자존욕구,
다섯째 자기실현의 욕구로 분류된다.

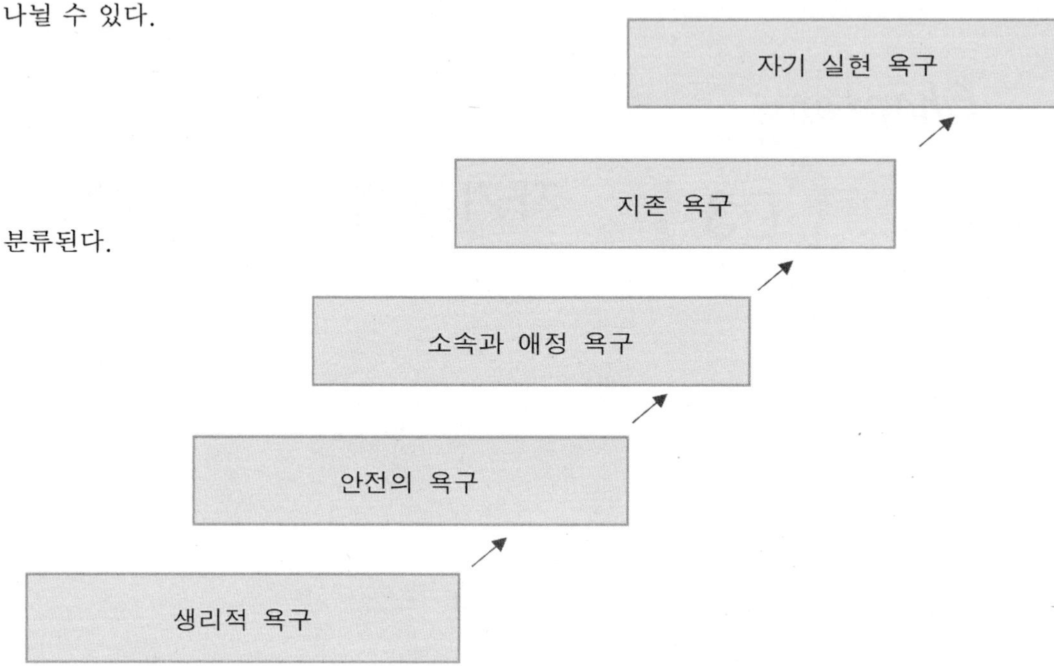

<보충설명>

:

3-1 욕구 이해하기

Needs 니즈는 1차적 욕구로 생존에 필요한 요소의 결핍을 채워 삶의 균형을 꾀하고자 하는 욕구이다. 그 예로 위험을 회피하려는 욕구이다. 다음으로 Wants 원트는 2차적 욕구로 삶을 업그레이드하려는 욕구이다. 예를 들어 내적인 만족을 통해 자기실현의 성취감을 가지려는 욕구인 것이다.

욕구

Needs

- 1차적 욕구
- 생존에 필요한 요소의 결핍을 채워 삶의 균형을 찾는 욕구
- Ex) 위험 회피의 욕구

Wants

- 2차적 욕구
- 삶을 업그레이드하려는 욕구
- Ex) 내적인 만족을 통해 자기실현의 성취감을 가지려는 욕구

3-2 자기탐색 – 조해리의 창 (Johari's window)

자기 포지션을 찾기 위해선 철저한 자기분석이 필요하다.

우리는 단점을 줄이는 것보다 장점을 늘리려는 것에 신경 써야 한다.

단점에 초점을 맞춰서 평범한 사람으로 전락하지 말아야 하며 자발적인 직무수행보다는 위에서 그때그때 시키는 업무 중심으로 수행해 왔던 사람은 높은 위치에 오르지 못하다.

자신의 직무 범위를 명확히 규정하고, 자신의 장점을 살릴 수 있는 방법에 몰두해야 한다.

절취선

	내가 아는 나 (Known to Self)	내가 모르는 나 (Unknown to Self)
타인이 아는 나 (Known to Others)		
타인이 모르는 나 (Unknown to Others)		

3-2 자기탐색 - 강점분석

우리는 자기탐색 시간을 통해서 진정으로 자신이 원하는 것이 무엇인지 생각해 보고자 한다. 우리는 취업 전략을 세우기 위해서 본인이 잘하는 적성이라는 것과 또 내가 잘하는 강점이 무엇인지 두 가지를 집중적으로 생각을 해봐야 한다.

첫 번째, 적성이란, 내가 잘하는 적성이 무엇인지 알기 위해서 많은 적성 검사를 한다. 검사결과를 통해 이런 이런 적성이 맞습니다 라고 하는 결과를 얻게 되는데 적성 검사를 한다는 것 자체가 내가 바라는 내가 재미있어 하는 것을 확인하는 과정일 수도 있다. 그러니 적성이라는 것 자체를 어렵게 생각하지 말고 적성은 내가 재미있게 할 수 있는 일이다.

두 번째 강점이란, 내가 평소에 자신 있게 하는 것이다. 강점은 특별 난 것이라고 해서 그것을 찾아서 나의 커리어로 만들어 가려고 고민하지 말고, 적성은 즐겁게 할 수 있는 것이고, 강점은 내가 잘하는 거라고 정리할 수 있다.

이것을 한번 내 일상에서 한번 찾아본다면 그 찾아보는 그 과정 안에서 내가 앞으로 가야 할 것과 좋아하는 것에 대한 방향을 찾아볼 수 있지 않을까 생각을 한다. 그러나 중요한 것은 적성과 강점은 내가 찾는 것이고, 그리고 그 자체를 내가 인정하는 것이 중요하다.

내가 나를 정확히 알고 잘할 수 있는 일, 즐겁게 할 수 있는 일을 찾을 수 있다면 자신의 인생을 지혜롭게 살아갈 수 있으므로 나를 제대로 이해하고 찾는 시간이 되길 바란다.

MEMO

참고문헌 : 자기관리 성공노트 / by 마크데이빗

3-2 강점 탐색하기

❖ 여러분은 자기 자신에 대해 잘 알고 있나요?

강점이란 : 자신만이 가지고 있는 독특한 능력이다. 보통 사람들은 자신의 장점을 대수롭지 않다고 생각하며 가볍게 여기는 경향이 많지만 자신의 강점을 잘 파악하고 있다면 사회에서 진로선택이나 직장업무에 귀중한 가치를 찾을 수 있게 된다.

강점과 능력의 차이는 능력은 후천적 노력이나 꾸준한 훈련을 통해서 습득되는 경우가 많고, 장점은 대부분 자신의 자율적 의지에 의해 결정된다.

저마다 갖고 있는 장점을 잘 파악하여 사회로부터 인정받고 직업사회에서 필요한 인재가 되는 것이므로 장점을 잘 파악한다는 것은 매우 중요하다.

3-2 강점 발견하기

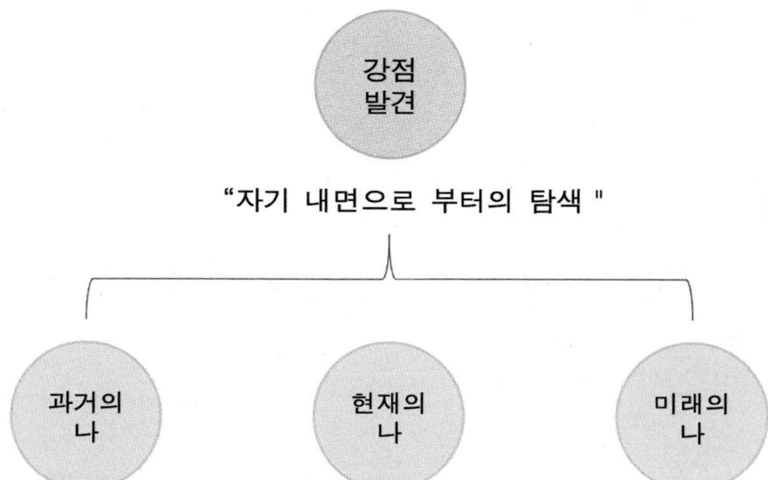

〈 Case : 긍정경영이 낳은 성공인 Story – 윤석금 대표 〉

사람이 살아가면서 성공하는 데 가장 필요한 것은 조건이 있다면 무엇일까?
이 질문에 대부분의 사람들은 이구동성으로 학력, 경제력, 외모, 인맥의 힘 등을 떠올릴 것이다. 일견 일리가 있는 항목일 수도 있지만 실제로 수많은 전문가들이 내 놓은 결론은 사람의 성공과 실패를 가르는 가장 중요한 항목이 '마음 자세'라는 사실이다.
학력이나 외모, 경제력 등은 성공조건 가운데 하나가 될 수는 있지만, 결정적인 주 항목은 되지 못한다는 것이다.
실제로 외적이고 물질적 조건들은 언제라도 무너질 수 있으며 한계에 봉착할 수밖에 없다. 특히 외모나 물질적 부 등은 개인의 선택과 별개로 주어지는 경우가 많기 때문에 외부의 충격으로 인해 잃어버리게 되면 다시 회복하기가 쉽지 않다.
윤석금 회장은 웅진 그룹 회장이라는 직함을 갖고 있다.
그의 이력을 살펴보면 지금 서 있는 자리가 한 순간에 찾아온 것이 아니라 숱한 날들의 노력의 결과물이자 축적물이라는 사실을 알 수 있다.
그의 시작은 쉽지 않았다. 1971년 7월 스물일곱의 나이에 부산 광복동에 있는 브리태니커사 한국 지사를 방문했다. 당시 가장 유명한 백과사전을 세일즈 방식으로 판매하는 것을 알고 찾아갔지만 두려움이 앞섰다. 그 두려움 때문에 첫날에는 발걸음을 돌렸지만, 다시 찾아간 둘째 날에는 용기를 내며 마음을 다 잡았다. 그리고 이렇게 스스로에게 이야기한다.
"아무 일도 하지 않고 절망한 하고 있으면 그 무엇도 달라지지 않는다. 일단 무슨 일이든 도전해야만 현실을 바꿀 수 있다."
그 후 안정적인 회사를 박차고 나와 1980년 7명의 직원과 함께 '웅진씽크빅'을 설립했다. 그는 회사에서 '직원들 스스로가 신이 나서 즐겁게 일하도록 만드는 것'을 목표로 한다. 당시로서는 혁신적이고 '신기(神氣) 문화'는 웅진코웨이, 웅진식품으로 확장되면서 현재 재계 서열 30위권의 그룹으로 성장했다. 그러한 성공이 가능하게 된 밑바탕에는 (　　　　　　　　　　)이 자리잡고 있다.

윤 회장이 말하는 긍정의 힘은 곧 미래에 대한 믿음이다. 캄보디아에 우물을 만들어주는 사업이 단순한 이윤 추구가 아니라 생명을 담보로 하는 이유가 거기에 있다.

3-2 강점 분석 매트리스

약점은 강점을 활용하는데 방해가 되지 않을 정도로만 보완하고, 강점을 강화시키는데 있어 더 많은 시간과 노력을 기울임으로써 강점이 보완되고 극대화할 수 있다.

내가 생각하는 강점	남이 말해주는 강점
•	•
•	•
•	•
•	•
•	•
•	•
•	•
•	•
•	•
•	•

3-2 장점 분석

❖ **여러분은 장점은 무엇인지 생각해보자.**

자신이 잘하는 일들에 대하여 생각나는 대로 가능하면 자신의 전반적인 생활과 관련 지어 답하시오.

- 나는 ____________________ 일 때 마감 시간을 잘 지킨다.
- 나는 ____________________ 에 거절할 수 있다.
- 나는 항상 ____________________ 하기 전에 집중할 수 있도록 시간을 갖는다.
- 내가 ____________________ 을 미뤄본 적이 없다.
- 나는 ____________________ 에 관해서는 뚜렷한 목표가 있다.

3-2 SWOT 분석

SWOT(스왓) 분석은 마케팅이나 경영 전략에서 사용하는 분석기법 중 하나이다. 당면한 문제 상황의 내부환경요인과 외부 환경요인에 따른 분석을 기초로 전략목표를 달성하도록 돕는 기법으로 앨버트 험프리(Albert Humphrey)에 의해 고안되었다.
대부분 문제를 파악할 때 금방 떠오르는 문제만이 아니라 알 수 없었던 여러 가지 문제를 발견할 수 있게 해주는 편리한 툴로 SWOT(스왓) 분석이라는 말은 몰라도 '강점과 약점 분석'이라고 알고 있는 사람들도 있다.
문제해결에서 SWOT 분석은 자신이 어떤 문제를 지니고 있는지를 정리할 때 유용한 툴로 사용할 수 있다.
SWOT이란 강점(Strength), 약점(Weakness), 기회(Opportunity), 위협(Threat)의 머리글자를 따서 만든 것이죠.

외부환경요인 \ 내부환경요인		
	S(강점)	W(약점)
	O(기회)	T(위기)

3-2 SWOT 분석을 통한 전략수립

자신의 강점과 약점을 분석하여 전략으로 사용하는 방법으로 SWOT 분석표를 활용한 전략 방법이 있다. 자신에게 가장 강점이면서 동시에 기회인 것은 무엇인가에 대해 분석하는 것이다.

내부환경요인

외부환경요인

S(강점)	W(약점)
O(기회)	T(위기)

*SO전략 :

*ST전략 :

*WO전략 :

*WT전략 :

[연구질문] SWOT 자신을 분석하라(발표)

➢ 강점(Strength)-

➢ 약점(Weakness) -

➢ 기회(Opportunity) -

➢ 위협(Threat) -

절취선

1. 이름은?

2. 현재 살고 있는 곳이나 가족을 자랑한다면?

3. 나의 스트레스 해소법은?

4. 내가 존경하는 사람은 누구이고 특성은 무엇인가?

5. 가장 기억에 남는 휴가지나 여행지는? 이유는?

6. 나에게 가장 가치 있다고 생각 하는 단어 3가지는?

절취선

<VTR 소감문 작성> 20 년 월 일 / 학번: 이름:

Chapter 04 자기탐색과 직무선택 2

1. 유망기업 분석하기

2. 성격탐색(MBTI)

4-1 유망기업 분석

해마다 미국 경제전문지 [포브스] 는 유망기업을 선정한다. 포브스에 따르면 상장기간 1년 이상, 연간 매출액이 500만 달러(약 55억 원)~10억 달러(1조1,000억원),흑자를 기록한 아시아 기업이 후보군에 속한다. 분석결과를 보면 투자자의 입장에서 뿐만 아니라 자신이 오랫동안 비전을 갖고 일할 수 있는 곳이 유망기업의 조건이 된다.

지원하고자 하는 회사를 정했다면 채용공고가 난 후 급하게 준비하지 않게 미리 관심사에 대한 정보를 6개월 이상 꾸준히 수집하고 희망직무와 설립일, 대표자명, 회사 슬로건 등 입사전형에 맞게 서류를 준비하다 사이트에 채용공고가 나면 점검하여 지원하는 전략이 필요하다.

유망기업조건

4-2 성격 탐색하기

인간의 성격은 다양한 모습을 띠고 표면적으로 드러나는 것만으로는 판단하기 어려운 복잡한 내면적 특성을 갖고 있다.
무작위로 보이는 인간행동의 질서와 일관된 경향을 찾아, 인간행동의 다양성을 개인의 인식과 판단에 대한 선호방식으로 설명하고자 함

<MBTI 개발과정>

MBTI성격유형검사는 Myers와 Briggs가 융(C.Jung)의 성격유형이론을 근거로 개발한 성격검사이다.
인간행동의 다양성을 개인의 인식과 판단에 대한 선호방식으로 설명하고자 하였다.

<성격유형론의 기본 전제>

- 각 성격유형은 그 가치에 있어서 동등하며 상황에 따라 더 쉽게 기능하는 유형이 있다.
- 성격유형은 하나의 틀이며 역동적인 과정적 속성을 갖고 있다.
- 성격유형은 선천적이면서 또한 후천적으로 발달하는 것이다.
- 성격유형론은 꼬리표 (labeling) 다는 부작용이 생길 수 있다.

주의할 점

성격유형검사 - 온라인으로 MBTI 성격유형검사를 한다.

사람들이 서로 다르다는 것과 그 기본이 성격임을 이해한다.

성격에는 선천적인 선호경향이 있다는 것을 이해한다.

4-2 성격 이해하기

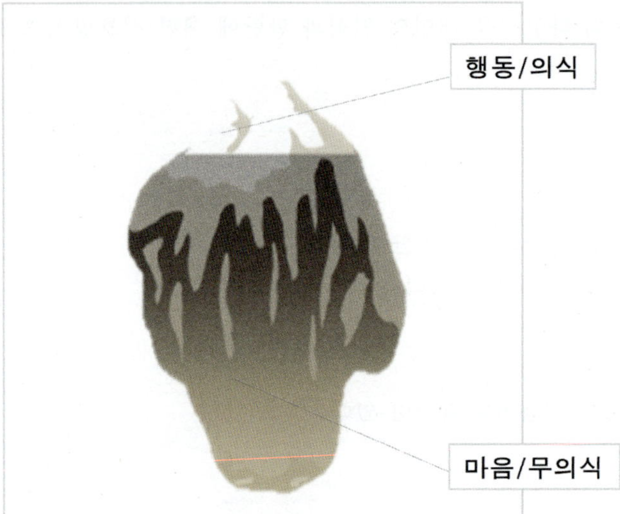

우리가 보는 것은 겉으로 드러나는 행동이며,
드러나지 않는 마음은 보이지 않는 내면 깊숙이
들어 있어 쉽게 알거나 이해하기 어려운 부분이다.
또한 우리는 자신의 마음 속이라 하더라도 자신이 인식하는
것은 의식의 세계이며, 그보다 훨씬 더 큰 무의식의
세계는 드러나지 않다.

이를 심리학에서는 인간존재의 빙산이라고 표현한다.

MEMO

4-2 성격 이해하기

(1) 성격은 오랜 시간에 걸쳐 발달된 개인의 한 측면(aspect)으로서 유전적 기질과 환경의 영향으로 형성된다.

(2) 타인과 구별되게 각 개인에게 고유성을 주는 특질로 지속성과 안정성의 특징을 갖는다.

(3) 변화될 수 있으나 나이가 들어감에 따라 매우 느리게 변화된다.

(4) 패턴과 특성으로 구성되어 있다. 이 패턴과 특성은 개인의 삶에 대한 적응과 개인이 경험하는 만족과 불만족을 지시한다(dictate).

(5) 계속적으로 좌절, 불안, 곤란, 불만족 등을 야기하는 성격의 특성을 가지고 있을 때 만족스런 적응을 가져오는 성격의 특성으로 변화하도록 노력해야 한다.

MEMO

4-2 MBTI 성격유형 특성

성격에 대한 개념은 학자들마다 다양하게 정의를 내린다. 일반적으로 성격은 시간과 환경의 변화에도 불구하고 늘 지속적이며 반복적으로 나타나는 감정, 사고, 행동에 영향을 주는 것을 말한다. 인간의 성격 특성을 설명해주는 가장 대표적인 성격 유형 중 하나가 MBTI(Myers Briggs Type Indicator)이다. MBTI는 1900~1975년에 걸쳐 Katharine Cook Briggs와 그의 딸 Isabel BRIGGS Myers 에 의해 계발되었다.

외향형(Extraversion)	내향형(Introversion)
감각형(Sensing)	**직관형(Intuition)**
사고형(Thinking)	**감정형(Feeling)**
판단형(Judging)	**인식형(Perceiving)**

4-2 MBTI 선호지표 4가지

사람들의 선호지표를 4가지로 구분하여 이 중 관심의 초점과 에너지를 얻는 방향에 따라 외향형과 내향형의 선호를 구분된다. 인식과정은 감각형과 직관형으로 구분하며, 판단과정은 사고형과 감정형으로 구분하여 결론을 이끌어 내는 방식의 차이를 알 수 있다.

외향(Extraversion)	<--- 에너지 방향(주의초점)--->	내향(Introversion)
감각(Sensing)	<---인식의 기능(정보수집) --->	직관(intuition)
사고(Thinking)	<---판단의 기능(판단결정)--->	감정(Feeling)
판단(Judging)	<---행동 양식(생활양식)--->	인식(Perceiving)

4-2 MBTI 의 유형의 특성 작성

- MBTI실시 목적
  - 자기이해
  - 타인이해
  - 진로상담/직무적성 상담 시 참고
  - 의사소통(대인관계)도움

외향형(Extraversion)	내향형(Introversion)	감각(Sensing)	직관(intuition)
▪ 외부활동 적극적	▪ 내부활동 집중력	▪ 지금 현재 초점	▪ 미래가능성 초점

4-2 MBTI 의 유형의 특성 작성

사고(Thinking)	감정(Feeling)	판단(Judging)	인식(Perceiving)
▪ 사실에 초점	▪ 사람, 관계에 초점	▪ 정리, 계획적	▪ 상황에 맞추는 개방

4-2 Think Plan - MBTI활용

<VTR 소감문 작성> 20 년 월 일 / 학번: 이름:

절취선

Chapter 05

합리적 진로선택을 위한 의사결정

1. 취업설명회 - 현장실습

2. 직무교육(대인관계)

5-1 진로선택을 위한 의사결정

직업을 선택하는 것은 매우 어려운 일이다. 직업뿐이 아닌 우린 모든 순간에 선택하는 삶을 산다. 자신이 직업선택을 하는 의식은 개인의 내적인 과정이며, 적성과 강점을 고려하여 인생목표를 설정하였다면, 장기적으로 전망이 있는 직업을 달성하기 위한 전략 수립과정으로 매우 중요한 의사결정이 시작된다. 직업선택을 위해서 자신의 적성과 핵심역량을 드러낼 수 있는 분야가 무엇인지 평소 관심을 갖고 취업센터나 지도교수 상담을 통해 조기에 진로방향을 고려하여 장기적인 전략을 수립하여 실행하도록 한다.

직업선택

협력자 : 교수님, 선배, 취업센터, 희망하는 직업 군에 멘토가 될 수 있는 친인척 활용

외국어구사능력 : 영어는 기본이며 제2외국어 등 장기적인 전략을 수립

시사상식 : 신문구독을 통해 최근 시사에 정통하도록 준비

태도, 인성 : 대인관계 형성을 잘하기 위해 표정, 인상, 태도, 습관을 늘 점검

봉사(나눔) : 적극적인 사회봉사 활동으로 나눔을 몸소 실천

5-1 직업정신과 자세

자신의 능력과 기술, 특성과 인격을 널리 알리고, 가치를 인정받기 위해서는 무엇보다도 그럴만한 실력과 경험, 지적 수준 등을 갖추어야 한다. 자신을 알린다고 하면서, 갖추어 놓은 바탕이 없다면 제 아무리 기법과 요령을 활용한다고 해도 상대방은 인정하지 않을 것이다. 전문 직업인으로 존재하기 위해 필요한 요소는, 다음과 같이 크게 구분할 수 있다.

직업 정신과 자세

직장인으로써, 사회 구성원으로써 가장 중요한 요소는 일을 잘 하는 기술이나 능력보다, 직업과 일에 있어 자신의 역할에 대한 직업 의식과 올바른 윤리, 직업철학이다. 밤새워 일을 하면서 힘들지 않고, 보상과 급여를 초월하여 필요한 사람들 도울 수 있는 기본 정신은 투철한 직업정신과 장인(匠人) 기질로부터 나온다. 직업과 일에 대한 이해와 인간과 직무의 관계를 올바르게 해석하는 관념에 따라 다르게 나타난다.

핵심 역량과 전문 지식

자신의 전문 분야에서 탁월한 능력과 지식, 다양한 경험 등을 쌓아, 타의 추종을 불허하며, 직무 수행에 충분한 실력을 쌓는 일은 전문가의 기본 요건이 된다.

이에 대해서는 더 상세한 설명이 필요치 않을 것이다. 기초적인 실력이나 직무 수행 능력이 부족하면 어디 가서도 인정받을 수 없다.

5-1 직업정신과 자세 - Soft skill

직무 능력과 함께 역량, 자질, 품성을 활용하고, 그 가치를 명백하게 전달하는 능력이 Soft Skill 이다. 불특정 다수에게 자사의 상품이나 기술을 설명하여 상품(제품)에 대해 매력을 느끼게 하고, 회의를 하거나 세미나에 참석하여 설득력 있게 전달하고 결과를 얻어 내는 의사 소통과 제안 설명 기법에 따라 Communication, Coaching, Presentation Skill 등이 필요하다.

필요한 역량	내용
Presentation Skill(제안 설명 기술)	
Meeting and Interview Skill (회의 진행 및 면담기법)	
Coaching Skill(코칭 기술)	
Personal relations Skill(대인관계 기술)	
Communication Skill(커뮤니케이션 기술)	
Business Manner Skill(비즈니스 매너)	

5-2 인간관계의 중요성

인간이라는 한자를 먼저 살펴보면 사람 '인' 그리고 사이 '간', 즉 '사람과 사람의 사이'를 의미하고 있다.
사람은 누구나 인간관계를 맺고 살아갈 수 밖에 없다는 뜻으로, 대인관계란 무엇일까? 사람과 사람 사이에 존재하는 관계를 의미하는 것으로 사람들 간에는 여러 심리적 상호관계가 나타날 수 있다. 보통 대인관계가 좋다는 말은 다른 사람들과 화합을 잘 할 수 있다는 뜻이다. 아리스토텔레스의 말처럼 "인간은 사회적 동물" 이다. 인간은 다른 생물체와 다른 점은 모든 생명체 중 가장 높은 지능을 갖고 있는 생각할 수 있다는 강력한 무기가 있다. 또, 지능을 이용하여 도구를 만들고 여러 사람들의 힘을 지혜를 모아 소통을 하며 성과를 이뤄내며 사회 속에 살아간다. 사람은 절대 혼자 살아갈 수 없다. 인생을 살아가는데 대인관계 능력은 선택이 아니라 필수이다. 인간관계란 두 사람 이상의 상호작용 관계를 뜻하며, 필연적인 조직 속에서의 두 사람 이상의 관계에 관심을 갖는 것으로 조직 안팎에서 이루어지는 인간관계와 일의 관계를 제대로 이해해야만 조직생활을 성공적으로 해낼 수 있다.

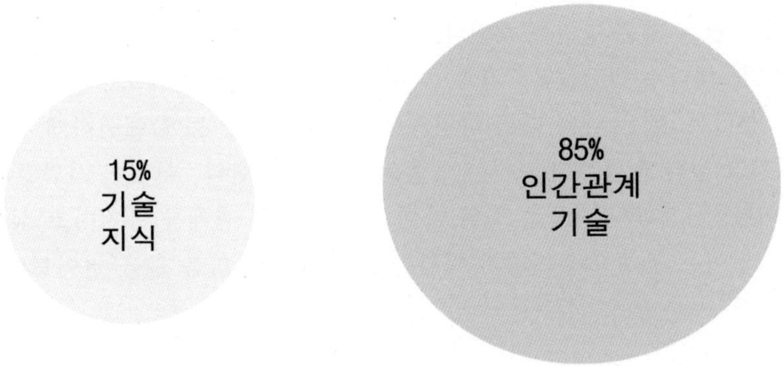

성공에 기여하는 요소

*출처 : 카네기 연구소

사람은 행복을 결정하는 90%가 인간관계에 달려 있다. - 키르케고르-

5-2 대인관계 - 인맥

많은 사람들이 행복한 인생에는 뭔가 거창한 것들이 준비되어 있을 것이라고 생각한다.
하지만 행복한 삶은 의외로 모든 것을 다 갖추지 못한 채 시작된다. 세상은 공부만 잘해서도, 자신이 좋아하는 일만 한다고 해서 꼭 행복이 보장되지는 않는다. 어쩌면 일상 속에서 경험하며 부딪히는 역경이 인생 여정 가운데 행복한 길을 닦는 중요한 토대가 될 수 있다.
최근 뉴스를 보면 행복이라는 키워드가 자주 부각되고 있다. 어떻게 하면 개인이 더욱더 행복해질 수 있는지 그리고 행복한 개인이 조직의 생산성에 얼마나 긍정적인 영향을 미치는지에 대한 연구 결과가 주를 이룬다. 이처럼 행복에 대한 연구가 활발한 것은 우리의 삶이 그만큼 '행복하지 않다'는 방증이기도 하다.
과거 기업체 임직원들이나 연예인들의 연이은 자살 소식을 접하고, 누구나 '행복이 무엇인지'를 깊이 생각해본 적이 있을 것이다. 부와 명예, 사회적인 명성을 가진 이들에게도 행복은 보장되지 않았기 때문이다. 그리고 그 불행의 시작은 안타깝게도 사람과의 관계 속에서 비롯되는 경우가 적지 않았다.
그 동안 필자는 대인관계에 대한 수많은 강연을 해왔다. 한 강연장에서 "사람과의 관계에 있어 가장 힘든 것이 무엇이냐"고 학생들에게 물어본 적이 있다. 대다수 학생들은 "가족, 이성이나 동성 친구 간에도 어느 순간 눈치를 보게 되는 것이 힘들다"고 했다. 이 답변에서 '눈치를 본다는 것'은 나와 다른 타인의 성향, 생활습관 등에 예민하게 반응한다는 의미로 해석할 수 있다.
누군가와 진심으로 가까워지고 싶다면 다른 점보다는 공통점을 찾아야 한다. 이것이 사람들과 빨리 가까워지고 부드러운 관계를 시작할 수 있는 좋은 방법이다. 하지만 사람들은 소위 다른 사람과 좋은 관계를 유지하고 싶어도 돈과 시간이 부족하다거나, 지연, 학연, 혈연이라는 연결고리 없이는 관계가 깊어지기 어렵다고 한탄한다. 다음 글을 읽어보며 이 부분에 대해 다시 한 번 생각해보자.

마틴 부버 '너와 나' 저서

'모든 참다운 삶은 만남에서 비롯된다.'고 했고, 플라톤은 소크라테스를 모시게 된 것을 다시없는 축복으로 생각했다.

5-2 대인관계 - 신뢰감

상대방에게 '믿음'을 주는 것은 관계에 있어 최고의 보약이다.
명심보감(明心 寶鑑) 익지서(益智書)에는, '임금과 신하가 서로 믿지 못하면 나라가 흔들리고, 부모와 자식이 서로 믿지 못하면 집안이 화목하지 못하고, 형과 아우가 믿지 못하면 정(精)이 사라지고, 친구까지 믿지 못하면 사귐이 소원해진다'고 기록돼 있다.
사회생활을 하다 보면, 인간 내면의 아름다움을 잊게 되는 경우가 있다. 이해관계의 틀 안에서 사람을 평가하게 되고, 그로 인해 사람을 학력이나 지위 등의 잣대로 평가하는 나쁜 버릇이 생긴다. '서로 주고받다'라는 뜻을 가진 'Give and Take'를 대인관계에 적용하면 일종의 거래가 될 수 있다. 이런 마음으로 사람을 대하게 되면 누구보다 자신이 괴롭다. 자신에게 득이 되지 않는 계산이 나오면 상대와 단절을 해야 하기 때문이다.
타인에 대한 관심의 시작은 '신뢰'를 기반으로 해야 한다. 자신의 호의를 상대방이 알아주기를 바라거나 자신이 손해 볼 것을 염려한다면, 진실한 마음으로 인연을 쌓을 수 없다. '신용으로 천하를 누빌 수 있다'라는 말처럼 신뢰가 생기면 자연스럽게 좋은 인맥을 형성할 수 있다.
누군가의 신뢰를 얻기 위해서는 가벼운 약속도 꼭 행동으로 옮겨야 한다. 기분이 고조된 상태에서 했던 즉흥적인 약속도 반드시 지켜야 한다.
그것으로 인해 얼마만큼의 손해를 보더라도 그러한 행동들이 모이면 결국 신용이 된다. 그러나 상황에 따라 지킬 수 없는 약속이 있다면, 상대방에게 미리 자초지종을 상세히 설명하고 정중하게 양해를 구해야 한다. 더불어 향후 다른 날을 정해 약속을 지키겠다는 의지도 보여야 한다. 이때 되도록이면 완곡하고 정중한 표현을 써야 한다. 사람들이 저지르는 큰 실수 중 하나가 작은 실수를 대수롭지 않게 생각하고 자기중심으로 해석하는 것이기 때문이다. 사소한 잘못은 인간관계에 있어 신용과 명예를 잃는 도화선이 될 수 있다. 따라서 누군가와 지속적으로 좋은 관계를 유지하기 위해서는 작은 행동에도 신중을 기해야 한다.

정리하기

5-2 신뢰를 위한 나의 방법

보스턴 40년 연구

'보스턴 40년 연구'라는 보고서가 있다. 이 보고서에서는 헬즈만이라는 보스턴 대학 교수가 7살 된 아이 450명을 선정해 이들을 무려 40년이나 지난 후에 사회경제적 지위를 조사한 결과를 담고 있다.

IQ는 물론이고 부모를 포함한 여러 변수들을 고려하여 분석해본 결과, 이들 중 성공한 사람들에게 발견할 수 있었던 주요 원인은 (　　　　　　　　) 태도, (　　　　　　　　)능력, (　　　　　　　　) 능력 등으로 나타났다.

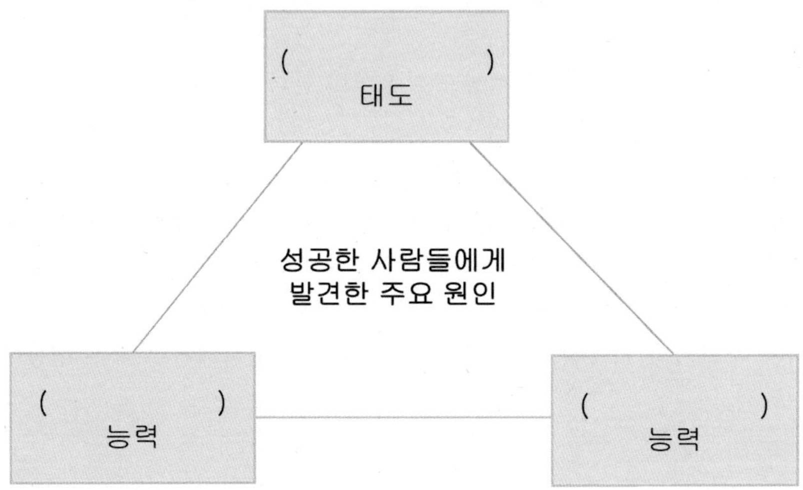

5-2 대인관계

S그룹 직장인 설문조사

또 국내 굴지의 대기업인 S그룹이 신입사원 427명을 대상으로 설문 조사한 결과 직장생활 성공을 좌우하는 요소로 전체의 37%가 '대인관계능력'이라고 응답해 1위를 차지하기도 했다. '업무능력'이라고 답변한 30%를 앞선 것이다. 이와 같이 사회적 성공에 가장 큰 영향을 미치는 변수 중 하나가 대인관계능력이라고 할 수 있다.

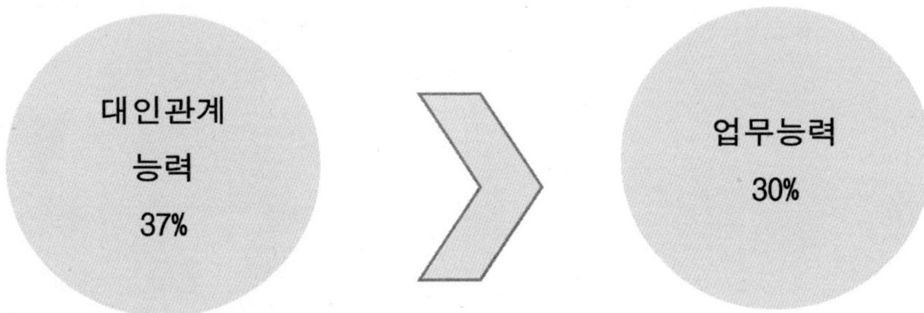

사회적 성공에 가장 큰 영향을 미치는 변수는 대인관계능력

생 각 하 기

5-2 대인관계를 좋게 하는 8가지 방법

사람은 사회적 동물로 취(창)업을 하고 직장생활을 하며 인간관계가 제일 힘들다고 말하며 사람이 살아가는데 큰 재산이라고 말한다. 그렇다면 사람이 재산이 인간관계를 원만하게 이뤄가기 위해 어떤 방법이 필요한지 다음 8가지 방법을 점검해보자.

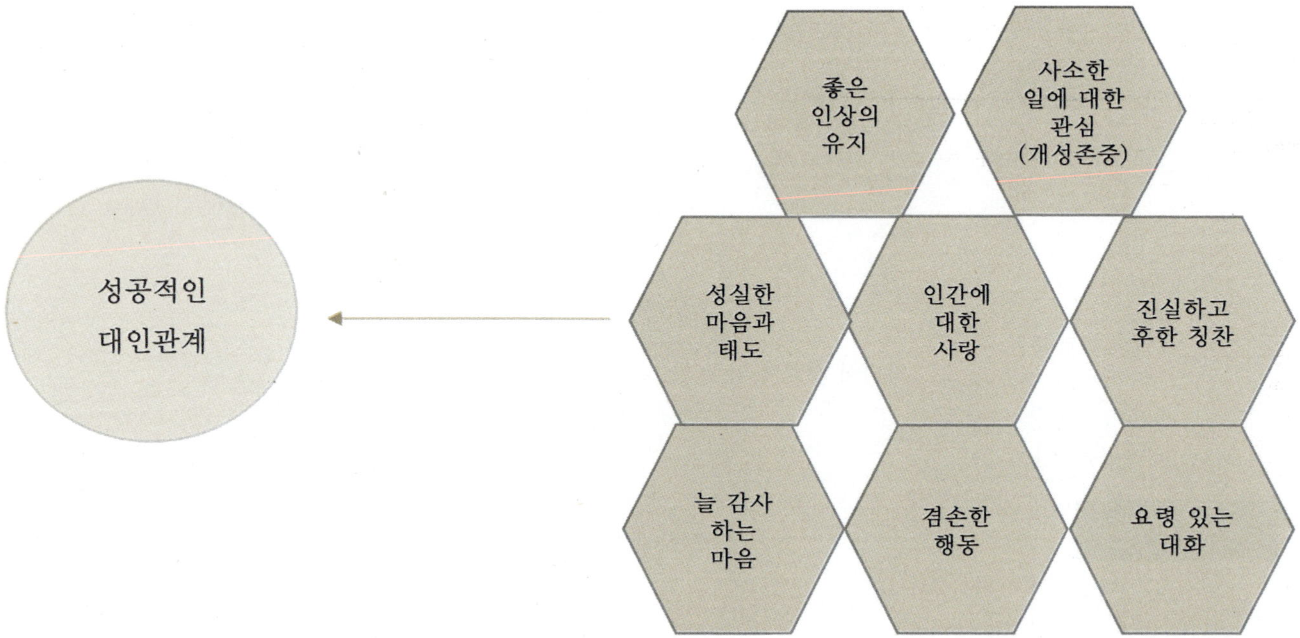

5-2 대인관계를 좋게 하는 8가지 방법

1) 좋은 인상 유지

2) 성실한 마음과 태도

3) 진실하고 후한 칭찬

5-2 대인관계를 좋게 하는 8가지 방법

4) 요령 있는 대화

5) 인간의 대한 사랑

6) 사소한 일에 대한 관심(개성존중)

5-2 대인관계를 좋게 하는 8가지 방법

7) 겸손한 행동

8) 늘 감사하는 마음

5-2 Think Plan

Q. 지금 현재 가족, 선후배, 이성과 동성 간의 관계로 고민하고 있는 부문을 작성하시오.

5-2 직무교육

내용정리 작성 1.

[채용설명회 소감문 작성]

Q. 채용설명회에 가면 자신만의 합격비법을 솔직하게 들려주기도 하고 현장에서 자기소개서 작성법, 종합적성검사 SKCT의 합격비법 등 입사 노하우를 정리하고 제출하시오.

절취선

절취선

<VTR 소감문 작성> 20 년 월 일 / 학번: 이름:

<VTR 소감문 작성> 20 년 월 일 / 학번: 이름:

절취선

Chapter

06

직무역량의 이해

1. 시간경영

2. 퍼스널 브랜드(Personal Brand)

6-1 시간관리

현대의 시간개념은 과거와 전혀 달라졌고 그 활용방식도 독특하게 변화되었다. 현대 사회를 상징하는 적절한 표현은 '더 빨리, 더 좋게, 그리고 더 많이'라고 표현하는데 이 말의 뜻은 돈보다 시간의 가치가 우선하고 있다고 말할 수 있다.

이런 점에서 볼 때 시간을 관리함으로써 우리의 삶을 보다 가치 있고 풍성하게 만들 수 있을 것이다.

효율적인 시간 관리를 위해서는 먼저 우리의 삶을 원하는 대로 이끌어 나가고자 하는 욕구에서부터 시작된다. 시간 관리를 하기 위해서는 우리가 우리의 삶에 대한 책임이 온전히 내 자신에게 있고, 내가 선택한 것에 대한 책임은 내가 지겠다고 생각하는 데서 출발하는 것이다.

정리하기

인도의 독립을 위해 평생을 바쳤던 무저항주의자 간디는 자신에게 있어 시간이 가장 소중한 재산이라고 했다. 간디가 대영제국의 식민지 지배하에 있던 조국의 주요 각료회의에 참석했을 때의 일이다. 일부 몇몇 각료들이 회의시간을 지키지 않고 지각을 하는 바람에 회의가 예정보다 30분이나 늦어지게 되었는데, 얼마 후 자리가 정리되자 회의가 시작되고, 각료들은 모두 간디의 말에 귀를 기울이며 시선을 집중한 가운데, 간디는 엄숙하고 강건한 어조로 그들을 향해 이렇게 질타했다고 한다.

"(   )"

6-1 시간관리

시간관리

자신의 삶을 관리하는 것

어떻게 관리하고 통제하느냐에 따라
결과는 달라지게 됨

시간 관리는 엄밀히 말해 자신의 삶을 관리하는 것을 의미한다. 계획만 열심히 세우고 실천에 옮기지 못한 이유는 명확한 이유, 구체적이지 못한 계획 때문일 것이다. 자신에게 주어진 삶을 어떻게 관리하고 통제하느냐에 따라서 같은 시간이라도 얻는 결과는 달라지게 된다. 어떤 사람은 주어진 시간 동안 삶을 다이아몬드로 만드는가 하면 또 다른 사람들은 쓰레기로 만들어 버리기도 한다.

모든 결정은 순전히 여러분의 자신의 몫이다. 시간 관리를 잘해 만족스런 삶을 살아가든, 시간을 낭비하여 후회하는 삶을 살든, 그것은 여러분의 책임이라는 걸 명심하길 바란다.

시간관리의 영향

- 우리 삶의 만족도와 행복에 영향을 미침
- 성취에도 큰 영향을 미침
- 성공으로 향하는 출발점

6-1 시간의 중요성

이미 흘러가버린 시간은 사람의 힘으로 되돌릴 수 없다. 그렇지만 앞으로 다가올 시간은 사람의 노력에 의해 얼마든지 달라질 수 있다는 것이 큰 위안이 된다.
시간관리가 왜 중요한지 몇 가지로 정리해 보자.

1) 시간관리를 하면 주어진 시간에 목표를 다 달성할 수 있다.
   즉 주어진 기간 내에 책임을 다 이룰 수 있고 또한 우선순위를 잘 정해 일하므로 일관성 있고 질서정연하게 일을 처리해 나갈 수 있기 때문이다.
2) 일하는 시간과 휴식시간을 균형과 조화롭게 구성함으로써 적당한 긴장감을 갖고 삶을 유연하게 운영할 수 있다.
3) 스트레스에서 벗어날 수 있다.

모든 스트레스 가운데 50% 정도는 시간 부족에서 오는 스트레스라는 연구결과가 된다.
따라서 효과적인 시간관리를 하면 시간 때문에 발생하는 스트레스의 대부분을 막을 수 있다.

시간관리를 위한 3가지 원칙

- 왜 해야 하는지 분명해야 한다.
- 정확한 지침이 있어야 한다.
- 허비(Killing Time)되는 요소를 찾아라

6-1 시간관리의 의미(Time management)

시간관리란 특정한 시간과 공간에서 효과적인 행동을 창출하는 것이다. 따라서 시간관리를 분명하게 하기 위해서는 스스로에게 질문을 해볼 필요가 있다. 좋은 습관을 기르기 위한 자기 훈련이야 말로 시간관리 능력향상의 비결이라고 할 수 있다.

나의 생각	시간은 ( )이다.
팀원 생각	시간은 ( )이다.
	시간은 ( )이다.
	시간은 ( )이다.
	시간은 ( )이다.
	시간은 ( )이다.

효과적인 자기관리 Tip

① 전날 밤에 미리 준비해 놓는다.

② 시간표를 작성하여 계획을 세워라.

③ 하루를 일찍 시작하라.

④ 가장 집중이 높은 최고의 시간에 가장 중요한 일을 하라

6-1 시간낭비요인 제거

시간낭비요인을 제거하기 위해서는 어떤 행동을 취해야 할까? 기본적으로 통제가 불가능한 것은 될 수 있는 대로 줄이는 것이다. 시간낭비의 요소가 무엇인지 정확히 확인하고, 그것들을 걸러내는 안목을 길러야 한다. 그러기 위해서는 자신의 시간 계획을 정확히 파악하고, 체크하고, 자신이 가지고 있는 나쁜 습관들을 고치려고 노력 해야 한다.

며칠 전 통계청에서 조사한 우리나라 국민 중 10세 이상의 국민들이 하루 24시간을 어떻게 보내는가라는 재미난 조사 내용이 있었다.

그 내용을 보면 잠자는데, 7시간 25분, 아침식사 23분, 점심식사 29분, 교재활동 53분, 직장일, 공부, 가사일, 출퇴근 8시간 42분, 낮잠 졸음에 23분, 저녁식사에 30분, 취미생활에 52분, TV시청에 2시간 5분으로 나왔다고 한다. 시간은 누구에게나 24시간 똑같이 주어지지만 어떤 이는 너무나 느리다고 하고 어떤 이는 너무나 빠르다고 불평이다. 반면에 시간을 효율적으로 사용하는 사람도 있는데 여러분에게 시간은 어떤 의미인가? 시간낭비가 무엇인지 크게 세 가지로 정리해보면

첫째, 시간낭비라 함은 올바른 목표에서 벗어나는 모든 행동들을 말한다.

둘째, 시기에 적합하지 않을 일은 하지 않는 것으로 집중도가 높은 시간에 잡담을 하거나 신문을 읽는 것 역시 시간낭비 요소가 된다.

마지막으로 카카오톡, 폰게임 등 지나치게 비생산적인 일에 과도하게 시간을 투자하는 것이다.

시간낭비 요인을 제거하기 위한 방법

- 통제가 불가능한 것은 줄인다.
- 시간낭비의 정체가 무엇인지 정확히 확인한다.
- 시간사용의 조직화를 통해 시간 낭비 요인을 최소화한다.

6-1 삶의 우선순위 결정하기

* 스티븐코비 성공하는 습관 - 우선순위 결정하기

Su	SU
su	sU

성공하는 사람 :SU 〉 〉 〉 su

일반적인 사람 :SU 〉 〉 〉 su

토론하기(10분 후 발표)

6-1 효과적인 시간관리 - 우선순위

우리에게는 누구나 똑같이 하루 24시간, 1,440분, 86,400초가 주어진다. 같은 주어진 시간 속에 시간을 헛되이 보내기도 하지만 다른 누군가는 그 시간을 쪼개고 또 쪼개서 자투리 시간을 모아 관리하기도 한다. 지금 자신이 하루 중 여가를 위한 시간에 10시간 이상을 보내고 있다면 미래여가시간을 미리 앞당겨 사용하고 있기에 앞으로 생산적 활동에 투입해야 할 시간은 더 증가된다는 것을 알아야 한다. 그렇다고 무조건 쉬지 말고 생산적인 일만 투자해야 한다는 것은 아니다. 삶의 중요한 우선순위를 목표로 삼고 시간관리, 자기경영이 필요하다는 뜻이다.

다음 24시간 중 자신의 개인목표설정에 따라 사분기로 나눠 중요도와 긴급도에 따라 우선순위를 정해 작성하도록 한다.

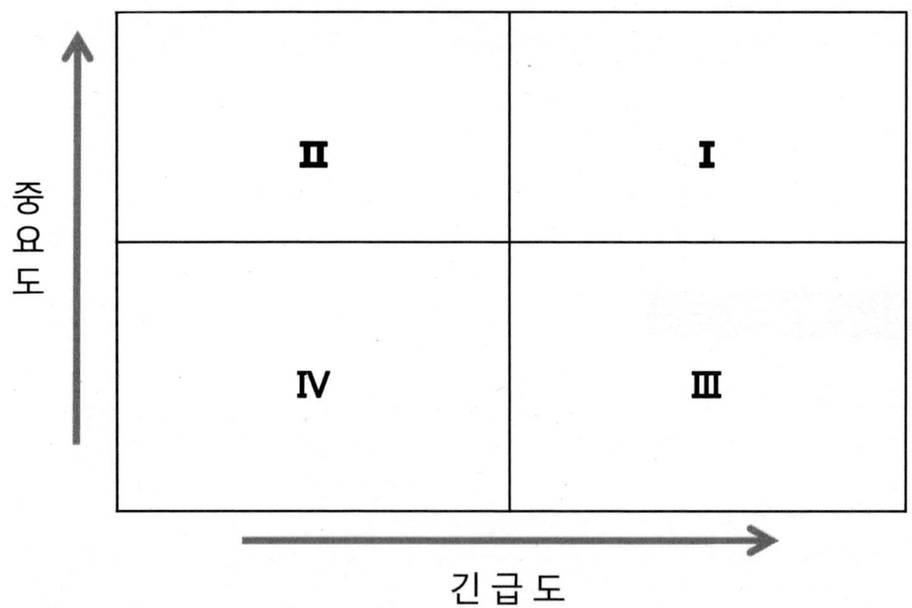

6-1 효과적인 시간관리 - 우선순위

왜 우선순위를 결정해야 할까? 두 가지 이유가 있는데 첫째는 외부적인 이유로, 우리 앞에 해야 할 일들이 수없이, 그리고 무질서하게 몰려와서 그것들을 교통정리 해야 할 필요성이 있기 때문이다. 외부의 일들은 자신이 통제할 수 없기 때문에 어떤 경우에는 너무 한가하게 오고, 어떤 경우에는 한꺼번에 몰려온다. 둘째는 내부적인 이유로, 우리가 가진 시간과 에너지가 제한되어 있기 때문이다. 모든 것이 중요하게 보여서 어떤 것을 먼저 처리해야 할 지 모르는 무지 때문이다. 이처럼 우선순위를 결정하는 것은 외부의 일에 맞게 효과적으로 내부의 시간과 에너지를 투입하는 통로의 역할을 담당하는 것으로 너무 한 쪽 통로만 꽉 막히지 않게 여러 통로를 두고 원활한 시간과 에너지의 흐름을 관리하는 것이 바로 우리가 우선순위를 관리해야 하는 이유이다. 내 자신의 시간과 에너지에 맞도록 일들을 중요도에 따라 분류하여 꼭 해야 할 일에 중점을 두어 행동해야 한다..

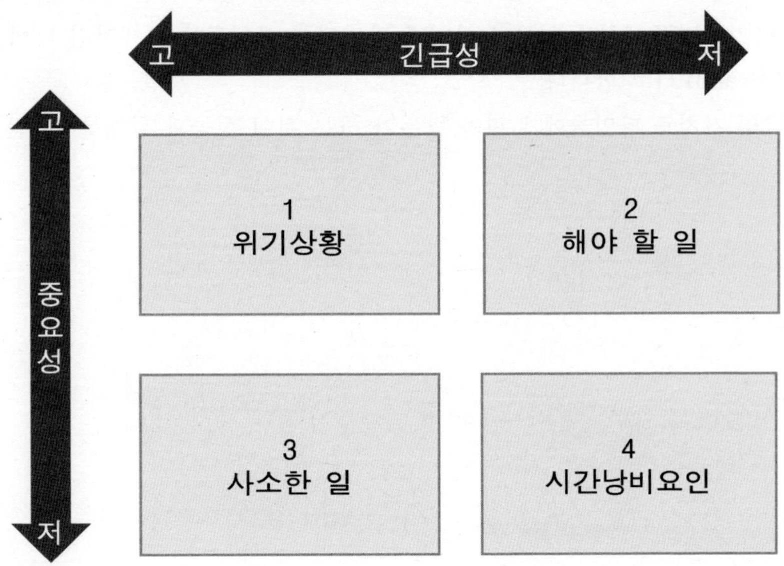

6-2 퍼스널 브랜드(Personal Brand)

브랜드는 왜 중요할까? 21C를 살아가는 비즈니스맨들은 브랜드시대에 살고 있다고 해도 과언이 아니다. 자신을 들여다보면 우리가 입고 있고 소지하고 있는 모든 것에 브랜드가 붙어있다. 다시 말해 브랜드가 한 개인의 모습, 이미지를 만들고 있는 것이다.

퍼스널 브랜드의 중요성

치열한 경쟁 속에서 생존하려면 자신만의 독특한 브랜드가 있어야 한다.

이는 치열한 경쟁 사회 속에 있는 직장인에게도 적용이 되는 요소로 고용시장이든 조직이든, 어떤 불특정 경쟁 장소이건 누군가에게 선택이 되려면 독특한 브랜드로 승부해야 한다는 이야기다. 대부분 사람들은 자신이 갖고 있는 승용차는 주기적으로 엔진오일을 갈고, 지극 정성으로 세차를 하고 왁스도 발라주면서, 정작 자신의 브랜드에 대해선 무관심하게 된다.

타인에게 각인된 나의 이미지, 그 중에서도 업무나 사업과 관련되어 타인들에게 새겨진 나의 이미지를 '개인 브랜드' 또는 '퍼스널 브랜드(Personal Brand)'라고 합니다.

퍼스널 브랜드가 얼마만큼의 가치로 타인들에게 평가 받는가 하는 것이 성공과 실패를 가르는 시대가 눈앞에 도래한 것이다.

정 리 하 기

6-2 퍼스널 브랜드(Personal Brand) 어원

브랜드의 어원은 노르웨이의 'Brandr'에서 유래되었다. 당시에는 소, 말 등의 가축에 불로 달군 쇠로 낙인을 찍어 출처를 표시했는데 우리말에도 이와 유사한 것으로 '시치미'가 있다. 고려시대 때 몽고 지배의 영향으로 왕실과 귀족 사회에서 매사냥을 즐기는 사람이 많았는데 매사냥하며 길들인 사냥 매를 도둑맞는 일이 잦아지고 이 때문에 서로 자기 매에게 특별한 꼬리표를 달아 표시했는데 그것을 '시치미'라고 했다.

그런데 자기소유임을 나타내기 위해 매 꼬리에 시치미를 표시하여 자기 소유임을 알려주는 방법으로 여기서 '시치미를 떼다'라는 말이 유래했다.

또 다른 유래로는 16세기 초 위스키 제조업자들이 위스키에 이름을 찍어 값이 싼 타사 제품으로 둔갑하는 것을 방지하고자 한 것에서 시작되었다는 이들도 있다. 미국의 마케팅 학회에서는 브랜드를 '판매자가 자신의 상품이나 서비스를 다른 경쟁자와 구별해서 표시하기 위해 사용하는 명칭, 용어, 상징, 디자인 혹은 그의 결합체'라고 정의하고 있다.

정 리 하 기

6-2 퍼스널 브랜드(Personal Brand)

인상적인 자기 홍보를 위해서는 다음 문장으로 2~3가지 내용으로 정리하며 문장으로 정리한다.
먼저 의식적으로 간결하게 만들어 1~2분 내로 홍보하여 첫 번째 내용에 특별한 스토리를 덧붙여서 다양한 표현으로 간단하면서 눈에 띄는 문구를 사용하여 자기 PR을 해야 한다. 자신만의 특성을 두세 문장으로 표현하도록 한다.

❖ 저한테 특히 삶의 중요한 것은 [　　　　　　　　　　] 이다.

❖ 저의 최고의 관심사는 [　　　　　　　　　　] 이다.

❖ 저 자신을 한마디로 표현하면 [　　　　　　　　　　] 라고 생각한다.

6-2 퍼스널 브랜드(Personal Brand) PR 역효과

잘못된 자기 PR은 역효과를 초래한다. 잘못된 PR의 역효과에 대해 알아보자.

잘못된 PR의 역효과
❖ 끊임없이 이어지는 자랑은 듣는 이를 지치게 하고 비 호감을 갖게 한다.
❖ 명료하지 않는 두서 없는 말과 추상적인 주장은 도움되지 않는다.
❖ 겸손하다는 이미지를 주기 위해 자신의 부족함을 너무 어필하는 것도 좋지 않다.
❖ 내용 없는 미사여구는 아무런 도움도 되지 않는다.
❖ 주어진 시간보다 지나치게 많은 내용을 표현하려 하는 것도 좋은 PR이 되지 않는다.

의견작성

[퍼스널 브랜드(Personal Brand) PR 성공& 실패사례]

절취선

절취선

<VTR 소감문 작성> 20 년 월 일 / 학번: 이름:

Chapter 07

실제 면접 역량강화(이력서)

1. 이력서작성 이해

2. 이력서 작성(PB)

7-1 이력서 작성 기본

이력서는 기업인사담당자들이 가장 먼저 보는 서류이므로 자신을 잘 알릴 수 있도록 빠짐없이 기록하도록 한다. 필요 없이 장황하게 늘어놓는 내용은 과감하게 정리하여 간결한 내용으로 쉽게 읽을 수 있도록 작성한다.

① 성공하는 이력서 작성법

- 이력서 : 지원자의 신상명세와 경력, 이력이 담긴 양식, 자신의 과거를 정리해서 입사하고자 하는 기업에 자신이 가장 적합한 인재라는 것을 알리는 서류.
- 지원기업에 규격화된 양식이 있을 경우 그 양식에 맞추어 작성.
- 양식이 없을 경우 별도의 서식으로 작성 자신의 장점을 잘 나타낼 수 있도록.
- 몇 장의 서류에 나의 모든 역량을 충분히 표현해야 하므로 전략이 필요.

✓ 명확한 목표와 일관성을 가져 자신에 대한 확신과 신뢰를 보여주도록 함

✓ 맞춤 이력서로 기업에 대한 정확한 인재상이나 정보를 숙지 한 후 기업에 맞게 작성함

✓ 본인의 경험중심으로 작성, 실제 수행했던 과제나 업무, 프로젝트 등을 자세히 기록함

✓ 지망하는 직무에서 필요한 능력과 역량 위주로 작성함

✓ 기본에 충실하고 오타 등을 꼼꼼히 확인함

✓ 간단명료하게 작성해서 읽는 사람을 배려함

✓ 지원한 파일은 반드시 보관하도록 함

✓ Selling point (강조점) : 자신을 꼭 채용해야만 하는 이유를 효과적으로 전달함

7-1 이력서 작성

◆이력서를 제출하는 이유

- 인사담당자와 구직자의 첫 만남이자, 채용여부에 영향을 미치는 중요한 서류
- 다른 사람에게 나를 알리기 위한 홍보 수단
- 능력과 경험에 대한 공식 문서

◆신상사항

성명, 주민등록번호, 주소, 연락처 등을 기입(공공기관 제출 이 아니면 일반기업체 제출하는 양식에는 주민등록번호를 필수적으로 기재하지 않아도 됨(생년월일만 기업해도 무방함)

◆연락처

반드시 연락가능 전화번호를 기재하고, 핸드폰이 없고 자주 집을 비우는 경우, 연락 가능한 지인의 연락처라도 기재

◆사진

단정한 복장으로 최근 3개월 이내 촬영한 사진이어야 하며 무리한 포토샵이나 실물과 지나치게 다른 경우 신뢰감을 잃을 수 있음

◆전자메일

'-_-'또는'dbsEodxk_0-21' 등과 같이 이모티콘을 활용하거나 쓰기에 복잡한 주소는 메일이 잘못 전달되거나 연락을 받기 힘들 수 있으므로 사용하지 않도록 하며 이메일 주소도 스팸처리 되지 않는 주소를 늘 점검하고 확인 후 기재하도록 함

참고 영상: 광탈을 부르는 이력서, 당신의 이력서는 어떻습니까?(youtube.com)

7-1 이력서 작성

◆학력사항

학력사항은 고등학교 때부터 기재하고 기간은 입학 연월부터 졸업연월일 정확하게 적고, 고등학교는 학위명과 학점은 그대로 빈칸으로 두며, 대학교는 전공과 학위 명 작성 후 학점란은 4.5만점을 기준으로 하여 평점을 기록함

◆병역사항

군필 여부에 따라 군을 제대한 사람은 ‘군필’ 면접자는 ‘면제’ 하고 기재하고 면제일 경우 면제사유를 간단히 밝히도록 함

◆외국어 능력

외국어 능력 각 등급과 점수도 함께 기재하도록 하며, 어학성적이 없는 경우에는 대부분 기업들이 외국어 능력을 중시하기 때문에 읽기, 쓰기, 말하기 등 외국어 능력수준을 상, 중, 하로 기재하도록 함

◆경력사항

인사담당자에게 지원하고자 하는 관련 업무연관성 위주로 작성하는 것이 자신의 능력을 어필하는 좋은 방법이며 다양한 경력사항이 있다면 지원하고자 하는 지원직무를 먼저 첫 줄에 작성하도록 하며, 과거경력보다는 최근 경력에 관심을 두므로 역순으로 작성하도록 함

Q. 자신이 생각하는 이력서는 어떤 차별성이 필요하다고 생각하는가?

7-2 기본적인 이력서 샘플

사 진	이 력 서			
	성 명		주민번호	
			연 락 처	
	생년월일	년 월 일생 (만 세)		
주 소				
E - mail				
호 적 관 계	호주와의 관계		호 주 성 명	
년 월 일	학 력 및 경 력 사 항			발 령 청

위 내용은 사실과 틀림없음.

년 월 일

작 성 자: (인)

[이력서 작성 TIP]

절취선

<VTR 소감문 작성> 20 년 월 일 / 학번: 이름:

절취선

Chapter 08

실제 면접 역량강화(자기소개서)

1. 자기소개서자성 이해

2. 자기소개서 작성(PB)

8-1 자기소개서 작성

◆ 자기 소개서는

- 기업 인사담당자가 자기소개서 1장에 지원자를 평가하기 위해 눈길을 멈추게 하는 시간은 불과 15초 이내라고 한다.
- '나'라는 상품이 그 기업에 쓸모 있는 상품임을 효과적으로 각인시키기 위한 것이다.
- 채용담당자가 지원자의 인성, 능력 등을 더 구체적으로 파악하기 위한 것이다.

✓ **자기 소개서의 내용**

- 지원동기 및 희망업무, 입사 후 포부
- 성장배경 및 가족관계
- 학력(전공) 및 경력사항
- 본인의 장단점
- 성격 및 생활신조

참고 영상 : [취업채널 S] 인사담당자와 소통하는 자기소개서 작성법(youtube.com)

8-1 자기소개서 - 성장과정

◆ 가능하면 짧고 간결하게 작성한다.

◈ 언제	태어나면서부터 지금까지
◈ 무엇을	타인으로부터 길러진 성격(직무적합성 고려)
◈ 어떻게	사례를 바탕으로 작성

◆ 구인자 목적

: 기업이 자신을 채용하도록 하려는 의도를 가지고 자신에 관한 여러 사항들을 소개하는 글
기업은 채용하고자 하는 인재로서의 적합여부를 판단하기 위해 요구하는 문서

◆ 기업이 자기소개서를 요구하는 이유

: 구인하는 입장에서 지원자의 지원동기와 장래성을 가늠
가정환경과 성장배경을 통해 성격과 인생관을 파악, 문서작성과 자신의 논리를 전개시켜 나가는 능력을 확인, 면접의 기초자료로 활용

◆ 주요관심사, 삶의 기본토대, 가족사항 등을 통해 특별한 점이 있는지 검토

- 특별하게 남달랐던 부분만 기재
- 지원회사와 관련된 짧은 에피소드와 특별한 경험을 통해 작성하라

※ 회사는 절대로 구직자의 개인적인 이야기를 궁금해하지 않는다는 사실을 기억하자.
(언제, 어디서 태어난 몇째 딸,아들인가 등의 지나친 인적 사항은 절대 적지 말자)

MEMO

8-1 자기소개서 – 학창시절 및 경력사항

◆ 성격 장·단점 작성 시 유의할 점 – "단점을 장점화, 치명적 단점은 피하라!"
◆ 간접묘사보다는 자신의 성격을 대표할 수 상황, 사건중심의 형식으로 설명하라.
◆ 단점을 너무 드러내는 표현보다 단점을 극복하여 장점으로 보완, 극복하고 노력했는가를 기술하도록 하라.

◈ 언제	지금 현재
◈ 무엇을	나의 성격(직무적합성 고려)
◈ 어떻게	사례를 바탕으로 작성

◆ 구인자 목적 : 해당직무에 적합/부적합한지, 성격유무를 파악하기 위함
– 장점 : 단정적인 표현으로만 작성하기 보다는 에피소드를 활용해 함께 기술함
– 단점 : 단점을 표현한 후 그 단점을 보완, 극복하기 위한 노력을 함께 기술함

※ 단, 지원하는 업무와 연관하여 치명적일 수 있는 단점은 피해서 작성함
(단점기재 시 피해야 할 사항 : 대인관계문제, 문제해결능력 미비, 성실하지 못한 점)

MEMO

8-1 자기소개서 – 성격 장·단점

◆ 구구절절 긴 설명보다 핵심적인 사항을 말하자.

◈ 언제	과거 학창시절부터 현재까지
◈ 무엇을	작더라도 성과가 있는 경험
◈ 어떻게	성과를 이루기 위해 '내'가 행한 행동

◆ 구인자 목적 : 취업 준비상태, 경험 및 활동사항 등을 통해 지원자의 능력을 파악

◆ 모든 경험들을 '나열하는' 것 보다는 몇 가지 중점적인 경험들만 골라내어 작성

– 가지고 있는 경험들이 지원하는 분야에 '왜' 적합한지를 설명해야 함. 경험을 통해 얻은 성과가 있다면 함께 기재

◆ 대학생활을 통해 성실하게 수행했던 교내.외 수상경력, 동아리 활동, 프로젝트 등을 작성하여 직장생활에서 가장 중요하다고 생각하는 대인관계능력, 조직적응력, 팀워크, 등 희망직무의 적합성, 구체성, 전문성을 드러내서 표현

MEMO

8-1 자기소개서 - 지원동기와 포부

◆ 지원하는 기업만을 위한 동기를 작성한다.

구인자 목적 : '묻지마 지원'여부 및 일에 대한 열의(목표)파악

- 해당 기업 또는 직업과 연관이 있는 내용을 토대로 기술함

※ 관련분야 업종이나 특성 등과 자기의 전공 또는 희망 등을 연관시켜 언급하기.

◆ 입사 후 포부 - 자신의 포부와 비전 제시 = 단계적 목표 설정 + 목표수행 전략 제시

◆ 설득력을 위해서는 지원하는 기업의 특성을 고려하여 입사 후 비전을 구체적으로 제시하고 입사 후 10년 후 역량강화 실행계획을 밝히고 어떻게 기여할 지를 구체적으로 기술하는 것이 중요함"계획은 구체적으로 포부는 열정적으로 표현"

단, 주의할 점은 지원하는 기업의 인사시스템을 파악하지 못하고 불리한 내용을 기술하면, 마이너스로 평가 받을 수 있으니 미리 정보파악이 필수

◈ 언제	오늘 이후~
◈ 무엇을	자신만의 비전
◈ 어떻게	비전을 위한 지킬 수 있는 약속

- 구인자 목적 : 구직자가 어떻게 일하고 어떠한 성과를 낼 수 있는지를 파악
- 성과를 내기 위해 구체적으로 어떠한 노력을 할 것인지를 생각하여 작성

TIP

- 최선을 다하겠습니다
  -최선을 다하지 않는다는 사람이 있겠는가? 너무 뻔한 표현보다는 구체적인 노력사항을 표현하라.
- 반복되는 단어나 문장
  -부적절한 애매한 반복어 같은 단어만 반복되면 표현력이 부족하다는 인상을 준다.
- 부정적인 단어는 사용하지 마라
  - 의뢰로 부정적인 표현을 사용하며 본인이 겸손하다는 인상을 주려다 능력 없음을 드러내는 경우가 발생한다.

8-2 다양한 형식의 자기소개서 - 사례

"이런 인재 원해요"

다음 7가지 중 한가지라도 해당사항이 있는 사람은 우리 회사에 지원하시오.

대부분의 기업은 형식을 갖춘 채용공고를 하지만 위 사례에서 살펴본 채용공고는 색다른 공고로써 분명 이렇게 한 이유는 있을 것이다. 그 이유는 닫힌 패러다임이 아닌 창의성을 고려한 공고로 추정한다. 이처럼 인사담당자는 자기소개서 서론부분에 특별한 표현을 원한다. 사실 위주의 교과서 같은 느낌보다는 소설이나 드라마의 한 대목을 읽는 특별한 내용을 고려해서 작성하도록 한다. 모든 사람들의 심리는 어떤 관념이나 사실성보다는 뇌에 강하게 각인되는 이야기(story)를 오래 기억하며 인상에 남는다. 또한 같은 표현이면 비유적인 표현으로 차별화시켜 작성하도록 한다.

정 리 하 기

8-2 자기소개서 작성 핵심 포인트

간결하고 일관성 있게 작성하되, 항목별로 작성하라.

특정 사건을 구체적으로 묘사(언제, 어디서, 어떻게, 왜)

↓

그로 인한 결과를 제시(가능하면 긍정적인 경험으로 수치화)

↓

직무와 연관 지어 어떠한 도움이 될 수 있는지 설명함

잠깐 - 이러한 경우를 조심하라

- 직원을 수시로 모집하는 경우
- 홈페이지가 없거나, 관련된 정보가 없는 경우
- 채용조건이 애매모호하거나, 채용조건으로 보증금을 요구하는 경우

8-2 자기소개서 샘플

성장배경 :
장단점 및 특기 :
지원동기 :
장래희망 및 포부 :

자 기 소 개 서

상기 내용은 사실과 다름이 없음을 확인합니다.

작성일자: 2016 . XX . XX

작성자: ㅇ ㅇ ㅇ (서명)

성장 과정	선생님들 상대로 한 판매
대학생활	유럽에서의 46일
성격의 장점	열 번이 안 되면 백 번을 찍어라
성격의 단점	홍길동의 하루는 48시간
지원동기	58,000원
입사 후 포부	세컨드 연주자

절취선

<자기소개서 작성>

학번 : 이름 :

<자기소개서 작성>

학번: 이름:

절취선

절취선

<VTR 소감문 작성> 20 년 월 일 / 학번: 이름:

Chapter

09 문제해결

1. 문제정의

2. 논리적 문제해결

9-1 문제에 대한 이해

문제란 현재의 상태 대비 이루고자 하는 성과의 차이를 통해서 발생한다. 현재의 상태를 벗어나고자 하는 목표치가 분명할 때 이래서는 안되겠다는 문제의식이 생기고 이것을 해결하고자 연구를 하며 문제해결을 시작하는 것이다.
이렇게 보면 직업생활에서든 개인생활에서든 우리는 늘 문제를 해결하기 위해 생활하고 있다고 해도 과언이 아니다.
그러나 이러한 문제의식은 절박성 유무의 차이에 따라 다르게 나타난다. 단순히 '이것이 문제야' 라고 느낀다면 문제는 머리 속에서만 맴돌고 만다.

기억나는가,
IMF외환위기 당시 전 국민이 함께 자의적으로 동참했던 '금 모으기 운동' 은 전국민이 절박한 마음을 가지고 시작했던 운동이었다. 위기를 극복하게 되자. 우리의 성공사례를 바탕으로 여러 나라들이 벤치마킹을 했지만 모두 실패했다. 그 차이는 바로 절박성의 문제에 있다.
즉 우리에게는 시급을 다루는 절박한 문제였지만 다른 나라 국민에게는 일회성 캠페인에 불과했던 것이다.
이처럼 문제는 우리가 어떠한 관점에서 어떤 마음으로 바라보는가가 중요한 것이다.

문제는 ' [   ] '가 중요

요약 정리

1) 문제 -

2) 문제해결 -

9-1 문제해결의 중요성

취업을 준비하는 대학생들에게 취업 시 가장 필요로 하는 능력에 대한 조사결과 영업직, 사무관리, 기술생산직 모두 문제해결능력을 제일 중요하다고 꼽았고, 기업, 산업체 인사담당, 교육 담당자들 역시 직업기초능력으로 문제해결능력을 꼽았다(박종찬 외 2007).

문제해결능력은 문제를 올바르게 인식하고, 적절히 해결하는 능력을 말한다. 문제해결능력의 하위 요인으로 '사고력''문제처리능력 ' 으로 나뉠 수 있다.

하위 능력	정의
사고력	업무관련 문제를 인식하고 해결함에 있어 창조적.논리적. 비판적으로 생각 하는 능력
문제처리능력	업무와 관련된 문제의 특성을 파악하고, 대안을 제시. 적용하며, 그 결과를 평가하여 피드백 하는 능력

보충설명

자신의 문제를 절박하게 바라보고, 달성하고자 하는 목표성과를 분명히 하는 것은 문제를 창조적으로 해결하는 첫 걸음이다. 목표가 분명하지 않으면 활동의 노예가 된다.

9-1 논리적 문제해결 프로세스(Process)

모든 일에는 프로세스가 있듯이 문제를 해결할 때도 프로세스가 존재하게 된다.
문제를 전체적인 측면에서 객관적으로 어떤 문제가 발생되고 있는 상황을 파악해보는 문제본질파악 단계, 문제의 본질을 해결하기 위한 창의적 대안을 구상하는 단계, 이를 성공적으로 현업에서 수행하는 실행대안 수립단계의 3단계의 프로세스를 통해서 문제해결의 프로세스를 설명한다.

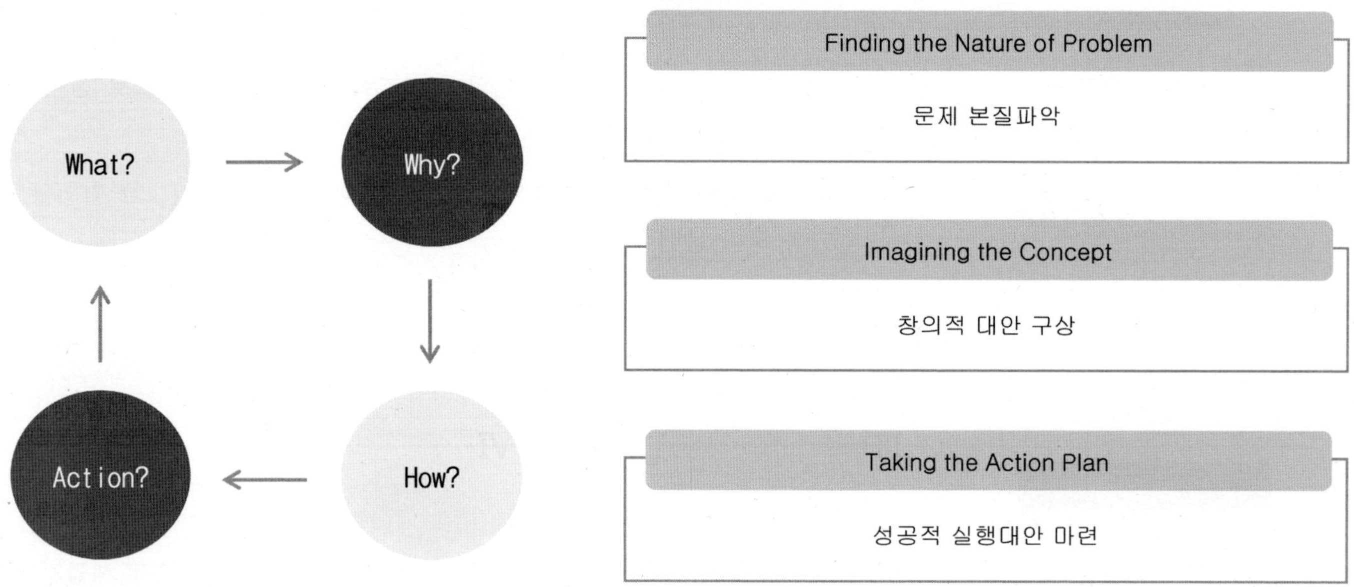

9-1 논리적 문제해결

하위 능력	정의
사고력	업무관련 문제를 인식하고 해결함에 있어 창조적 · 논리적 · 비판적으로 생각하는 능력
문제처리능력	업무와 관련된 문제의 특성을 파악하고, 대안을 제시. 적용하며, 그 결과를 평가하여 피드백 하는 능력

Q. 현재 시점에서 내가 가지고 있는 문제 2가지 이상 자유롭게 작성해보시오.

9-1 논리적 문제해결

문제 진단의 원칙들을 하나씩 살펴보면서 총 열 한 가지 원칙을 살펴보자.

첫째, **의사 결정과 문제해결 능력의 중요성을 인식**해야 한다.

문제해결 능력을 갖추기 위한 출발점은 의사결정의 중요성을 인식하는 것임

두 번째, **의사결정에서 가장 중요한 것은 의사결정 문제를 조기에 정확하게 찾아내는 것**이다.

위기 의식을 갖고 문제와 기회 능동적으로 찾아야 함

9-1 논리적 문제해결

셋째, **문제 중심의 사고**로 시작하는 것이다.

넷째, 문제에 관련한 **목표의 타당성을 분석**해야 한다.

9-1 논리적 문제해결

다섯째, 문제를 진단할 때 **문제의 원인을 정확하게 찾아내야 한다.**

여섯째, 문제와 관련한 **가정과 제약조건을 분석**해야 한다.

9-1 논리적 문제해결

일곱 번째, 문제에 **관련된 이해 당사자를 분석해야** 한다는 것이다.

여덟 번째, 원칙은 바로 문제를 재구성하라는 것이다.

9-1 논리적 문제해결

아홉 번째, 어떤 문제를 해결해야 하는지를 선정해야 한다는 것이다.

마지막 열 번째, 기업에서 수행하는 전략적 의사결정은 복잡한 구조를 가지고 있기 때문에 **체계적인 절차를 통해서 수행**되어야 한다.

9-2 문제해결의 법칙

◆문제해결을 위한 두 가지 접근 방법

첫째, 비분석적 접근 : 지혜를 바탕으로 상황에 따라 적절히 대응하거나 과거의 사례 또는 경험을 참고하는 것.
: 직위를 이용하여 강제로 결론을 이끌어 가는 접근법이다.

둘째, 분석적 접근 : 사고기술로 대응하는 접근법이다.

◆문제해결의 조건

1. 무슨 일이든 처리할 수 있어야 한다.
2. 목적과 수단을 구별할 수 있어야 한다.
3. 질문 능력이 갖추어져 있어야 한다.
4. 도전정신이 갖추어져 있어야 한다.

◆조직에서 문제해결 시 주의 할 점

1. 이성적 사고로 문제를 해결한다.
2. 목표가 확실한 문제를 인식한다.
3. 문제해결과 책임추궁을 구분한다.
4. 이론만을 앞세운 행동에 주의해야 한다.
5. 제3의 방법으로 해결할 수 있는 문제도 있다.

Tip

9-2 문제의 본질파악(Finding Nature of Problem)

Tip

절취선

<논리적 문제해결 사례 찾기>

학번:　　　　　　　　이름:

<VTR 소감문 작성>　　20　년　월　일 / 학번:　　이름:

절취선

Chapter 10

창의적 사고

1. 아이디어 발산법

2. 창의력 문제

10-1 창의적 사고 – 아이디어 발상법

목적이 분명해야 명확한 답이 나온다.

현재 해결할 문제가 무엇인지, 해결 과제의 범위는 어느 정도인지 등을 완전히 이해한 후에 어떤 행동을 해야 하는지 정확히 알아내야 하는 것이다. 모든 일에는 목적이 분명해야 명확한 답을 도출 할 수 있듯이 이제 목적이 뚜렷해 진 다음에는 아이디어 생성을 위해 스스로에게 동기 부여를 해야만 한다.

주어진 과제에 집중해야 한다.

주어진 과제를 포스트잇이나 A4 크기의 종이에 큼직하게 써서 침실, 화장실, 주방, 현관, 거실, 자동차, 대문, 수첩 표지, 달력, 컴퓨터 모니터 등 에 붙여두며 생각나는 데로 작성해 보며 생각한다. 그렇게 하면서 아이디어를 도출할 수 있다.

Tip

10-1 창의적 사고 - 아이디어 발상법

어떠한 아이디어라도 모두 작성 한다

다음으로 해결 과제와 관련된 아이디어를 '질'에 관계없이 무작정 쏟아내는 것이다.
즉 '양'으로 승부하는 것으로 나머지 하나는 아이디어를 머릿속에서 끄집어내 기록하는 일인데 이 작업을 할 때에는 때와 장소를 가리지 말고 길을 걸을 때나 문득 문득 아이디어가 떠오를 때도 놓치지 않고 메모하거나 녹음을 하도록 해야 한다.

아이디어의 옥석을 가려라

아이디어를 수집해서 끄집어낸 아이디어를 모두 활용할 수 있는 건 아니다.
회의 시간에 내놓을 아이디어를 선별하기 위해서는 옥석을 가려낼 줄 알아야 하는데, 일단 메모지나 녹음기, 수첩 등에 흩어진 기록된 아이디어 스케치를 화이트보드나 넓은 벽면, 테이블 바닥 등 한눈에 볼 수 있는 곳에 모아 놓고 선택하는 것이다.
시간이 충분하다면 컴퓨터에 문서로 정리하면서 아닌 것은 지워버리고 마음에 드는 아이디어만 남기는 것도 좋은 방법이며 그렇게 해서 골라낸 옥석 같은 아이디어를 전체 브레인 스토밍 시간에 발표하면 되는 것이다.

10-1 아이디어 발상법

브레인스토밍은 1938년 알렉스 오스본 박사가 창안한 것으로 2명 이상의 사람이 모여야만 할 수 있는 그룹 아이디어 발상법이다. 그룹 프로세스 활성화 중 효과가 가장 뛰어날 뿐만 아니라 폭 넓게 활용되는 기법 중 하나이다.

대부분의 사람들은 브레인스토밍은 여러 사람이 모여 의견을 내놓은 것이니 사전 준비 없이 그 순간에만 충실하기만 하면 된다라는 생각을 가지고 있지만 이건 명백히 잘못된 생각이다. 실제로 브레인스토밍을 통해 좋은 결과를 얻기 위해서는 해당 과제에 대해 철저한 사전 조사와 끝말 잇기 등의 창조적 사고의 워밍업을 수행해야 한다.

찰나의 아이디어생성

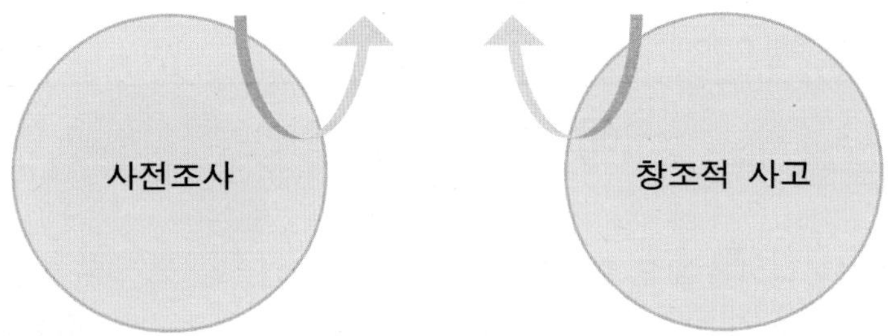

<브레인스토밍 4가지 원칙>

1. 비판을 금지한다.
2. 상대방 아이디어에 편승한다.
3. 아이디어 양을 추구 한다.
4. 자유분방한 제안을 기쁘게 환영하라

10-1 창의력 - 브레인스토밍

◆ 브레인 스토밍의 정의

브레인스토밍은 1938년 알레스 오스본 박사가 창안한 것으로 2명 이상의 사람이 모여야만 할 수 있는 그룹 아이디어 발상법이고, 그룹 프로세스 활성화 중에서 효과가 가장 뛰어날 뿐 아니라 폭 넓게 활용되는 기법 중 하나이다.

사람들은 브레인스토밍은 여러 사람이 모여서 의견을 내놓는 것이니 사전 준비 없이 그 순간에만 충실하기만 하면 된다라는 위험한 생각을 가지고 있는데 실제로 브레인스토밍을 통해 좋은 결과를 얻기 위해서는 해당 과제에 대해 철저한 사전 조사와 끝말 잇기 등의 창조적 사고의 워밍업을 수행해야 한다.

브레인스토밍 하는 방법으로는 먼저 5분을 마감시간으로 정하고 정해진 주제와 관련된 아이디어를 포스트 잇에 적는다.

포스트 잇에 아이디어를 쓰는 요령으로는 다음과 같다.

1) 무조건 1매 1건만 쓰도록 함
2) 무엇 보다도 질보다 양
3) 메모할 때는 다른 사람도 읽을 수 있도록 또박또박 크게 씀

아이디어 발상법

- 목적이 분명해야 명확한 답이 나온다.
- 주어진 과제에 집중해야 한다.
- 어떠한 아이디어라도 모두 작성 한다.
- 아이디어의 옥석을 가려라.

10-1 창의적 대안 구상 - 브레인스토밍

브레인스토밍을 통해 발산된 다양한 아이디어를 대상으로 논리적인 분석을 통해 베스트 대안을 선정하게 된다. 대안을 선정할 때는 이상적인 목표를 선정한 후에 문제의 모순을 제거하는 아이디어를 선정하여야 한다.

대안선택을 위한 의사결정에서는 최상의 선택만이 꼭 좋은 것만은 아니다. 마이너스 요인을 최소화하면서 최대의 효과를 얻을 수 있는 의사결정이 가장 바람직한 의사결정이라 할 수 있다. 이를 위해서는 의사결정을 위한 목적을 분명히 하는 것이 좋다.

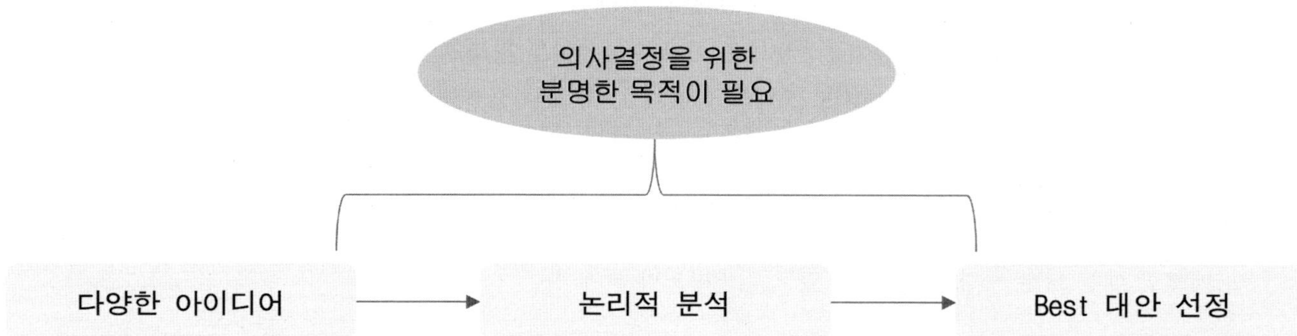

아이디어 발상법

10-1 창의적 대안 구상 - 브레인스토밍

마지막으로 대안 평가를 위한 기준을 명확히 설정하는 것으로 대안평가 기준은 브레인스토밍 방식으로 일단은 가급적 많이 나열을 하고 절대기준과 희망기준으로 구분한다. 절대기준은 대안선정 과정에서 필수적으로 충족되어야 하는 기준이다. 그러므로 분명하게 측정이 가능하고 가급적 수가 적어야 된다. 희망기준은 절대기준을 충족한 대안들이 이것까지 만족시켰으면 하는 필요조건을 말하는 것이다. 이렇게 먼저 대안을 절대기준으로 평가하고 절대기준을 통과한 대안을 희망기준으로 평가한다.

최종적으로 선정된 대안은 마이너스 요인이 없는지 검토하고 마이너스 요인을 최소화하는 대책을 수립하여 확정하는 것이 바람직하다.

MEMO

10-2 창의력 - 아이디어 발상법

SCAMPER는 알렉스 오스본에 의해 처음으로 제안되었고, 그 뒤를 이어 밥 에버럴에 의해 기억하기 쉽도록 정리된 창의적 사고 원칙들을 정리되었다. 그들은 아이디어들을 정교하게 만들어야 한다고 강조하고 있다.

SCANPER 이론은 새로운 모든 것은 이미 존재하는 것에 조금 덧붙이거나 수정하는 것이라는 주장에 근거하고 있다.

S. C .A. M .P. E. R

- S — Substitute (대체하라) - 어떤 것으로 대체 가능한가?
- C — Combine (조합하라) - 다른 무엇과 조합시킬 수 있는가?
- A — Adapt (적용하라) - 주제에 맞게 다른 뭔가를 적용시킬 수 있는가?
- M — Magnify(확대하라) - 이것을 확대하거나 덧붙일 수 있는가?/ Modify(수정하라) - 무엇으로 수정할 수 있는가?
- P — Put to other uses (다른 용도로 사용해보라) -배경을 바꿔라, 그러면 의미도 바뀐다
- E — Eliminate(제거하라) - 이것으로부터 뭔가를 제거할 수 있을까?
- R — Rearrange(재배열하라)/ Reverse(뒤집어보기) - 주제를 재배열할 수 있는가?

10-2 창의력 - 발상을 저해하는 장애

◆ 발상을 저해하는 것들

1. 정확한 문제해결의 정답만 찾아본다.
2. 심각하게 문제에 몰입해본다.
3. 실패해서는 안 된다고 생각한다.
4. 몸이나 정신이 피곤하더라고 무리해서 문제해결에 집중한다.
5. 전문가의 조언에 전적으로 의지해 문제를 해결한다.
6. 재미없거나 하찮은 아이디어는 지체 없이 버린다.
7. 친한 사람이나 후원자에게만 자신의 생각이나 의견을 말한다.
8. 모르는 것은 아예 생각하기도 싫어한다.
9. 특별한 문제가 없는 한 평소에는 그것에 관심을 가지지 않는다.
10. 좋은 아이디어가 떠오르면 그저 머릿속에 입력한다.

Tip

<VTR 소감문 작성>　　　　20　년　　월　　일 / 학번:　　　　　이름:

절취선

Chapter 11

성공면접을 위한 실천 역량강화

1. 면접스킬(SKILL) – 이미지메이킹
2. 면접역량강화를 위한 실습(Q&A)

11-1 면접 SKILL - 이미지 정의

이미지란 무엇인가?

여러분이 알고 있는 한 사람을 떠올려 보자.

그 사람의 떠올릴 때 선명하게 떠오르는 것들이 바로 이미지인 것이다.

한 사람의 개인 이미지(Personal Image)는 시각적, 청각적, 감각적 단서를 통해 인지할 수 있는 직접적인 외적이미지와 장기적이며 경험적 인식체계를 통해 인식되는 내적 이미지로 구성된다.

이미지는 얼굴만으로 그려지는 것이 아니라 『얼굴 생김새, 표정, 말씨, 음성, 옷차림, 걸음걸이와 함 께 있을 때의 느낌, 성격 등 이렇게 수많은 생각들이 하나의 형체를 만들어, 우리 나름의 사고, 취향에 따라 만들어진 생각의 덩어리, 특유한 감정, 고유의 느낌』 이것이 바로 이미지다.

자신에게 일어날 수 있는 변화를 기회로 받아 들인다면 '어떠한 대가도 치를 수 있다'는 태도로 무장해야 함.

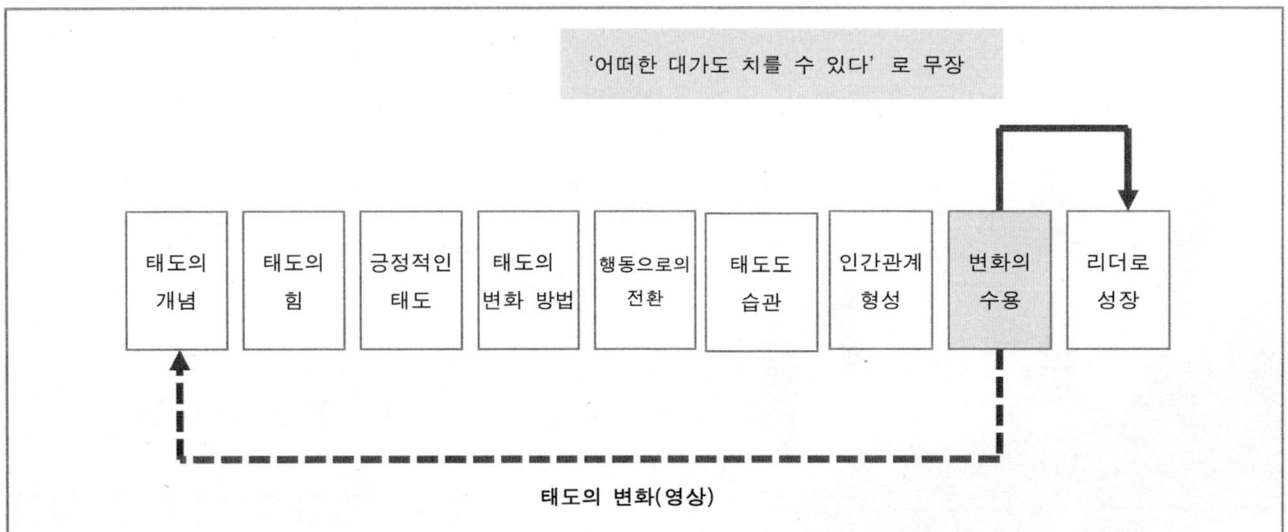

11-1 이미지의 중요성

당신의 이미지는 타인이 보고 느낀 당신의 모습이다. 사람에 따라 이것은 긍정적 이거나 혹은 부정적인 것일 수 도 있고, 또 실제의 인물보다 과장된 모습일 수도, 비하된 모습일 수도 있다.
다른 사람들이 당신의 이미지에 기대하는 역할 때문에 당신은 말, 행동에 제약 받게 되고, 그러다 보면 어느새 당신은 당신의 중심까지 변화되었음을 발견하게 될 것이다. 그렇다면 우리는 이토록 중대한 우리의 이미지를 그저 다른 사람의 주관적 사고에만 맡겨둔 채, 수동적이 무기력하게 방관할 수 밖에 없는 것일까?
좋은 이미지 결정체는 바로 내면으로부터 우러나와야 한다"

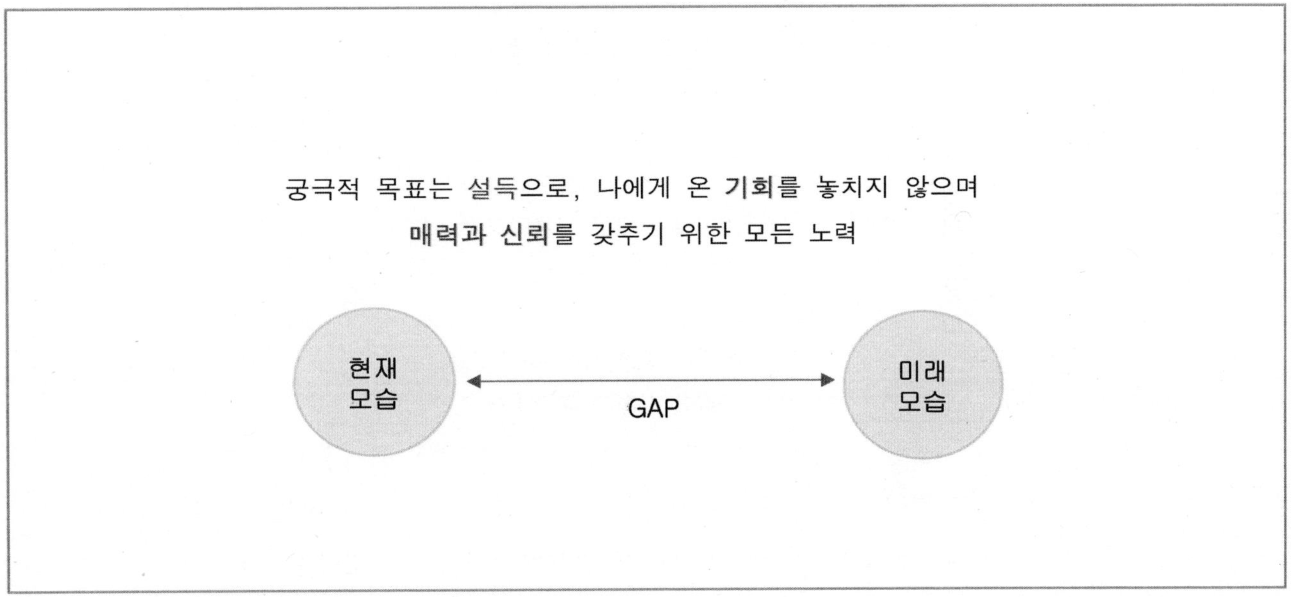

11-1 이미지의 중요성

사람들은 모두 다른 사람들에 대한 이미지를 표현할 때 외면적으로 드러나는 외모뿐 아니라 내면과 함께 사회적인 이미지까지도 지대한 관심을 갖게 된다. 21세기를 살아가는 사회인을 3D(Digital ,Design, DNA)의 개념을 정리해 둘 필요가 있다. 3D의 시대에 살고 있는 우리는 한 사람의 외적 이미지에 해당하는 Design에 집중할 필요가 있다. 한 사람의 외적 이미지는 3D의 '디자인'에 해당된다. 다시 말해서 어떤 상품을 구입할 때에 이왕이면 디자인이 좋은 것에 손이 가듯이 대인관계에서도 좋은 이미지를 구축한 사람이 호감도를 높인다는 이야기이다.

태도의 학습을 통해 어렵게 얻어진 지혜는 함께 나누고, 다른 사람을 교육하고 삶에 영향을 줌으로서 진정한 리더로 성장하는 것임

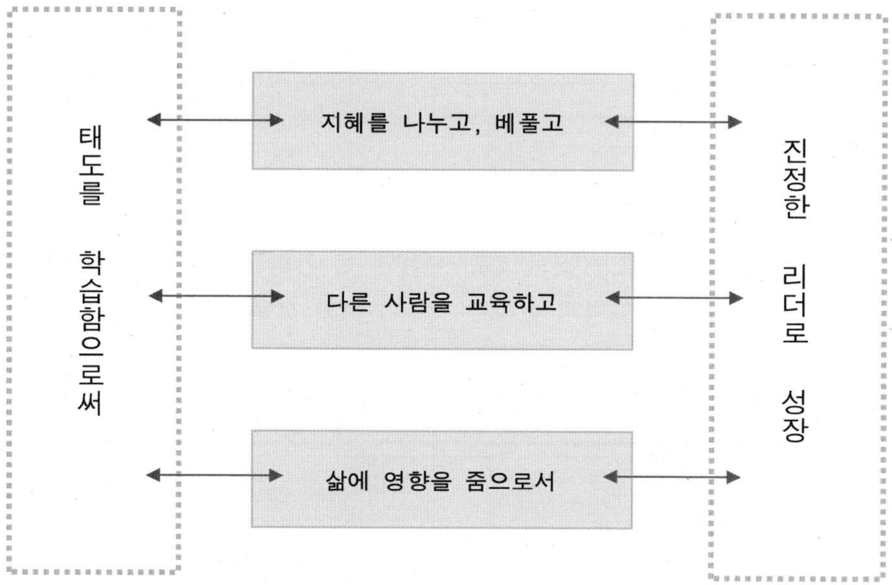

루키즘 시대, 3D시대, 글로벌시대 "이미지는 모든 것을 집어 삼킨다"

– Stuart Ewen –

11-1 이미지메이킹 5단계

1 Know yourself - 자신을 알라

2 Develop yourself - 자신을 계발하라

3 Package yourself - 자신을 포장하고 상품화시켜라

4 Make yourself - 자신을 알리고 광고하라

5 Be yourself - 나다움을 개발하라

가장 강력하며 소중하고 가치 있는 것은 형태도 없고 눈에 보이지도 않는다.
누구도 그것을 빼앗을 순 없다.
바로, 자기 자신만이 다른 사람에게 줄 수 있을 뿐이다. 더 많이 나눠줄수록 더 많은 것을 갖게 된다.

- 클레멘트 스톤

11-1 첫인상을 결정짓는 요소

"좋은 첫인상을 남길 수 있는 기회란 결코 두 번 다시 오지 않는다" - Theodore-

" 세상에서 가장 가난한 사람은 미소 지을 줄 모르는 사람이다 " - Zig Ziglar

〈미국 Rubin 뇌과학자 Paul Whalen의 연구〉

뇌의 편도체는 (★초)라는 짧은 순간에 본능적으로 상대방에 대한 호감이나 신뢰 여부를 판단한다. '생각하는 대로 이루어진다' 기억하라.

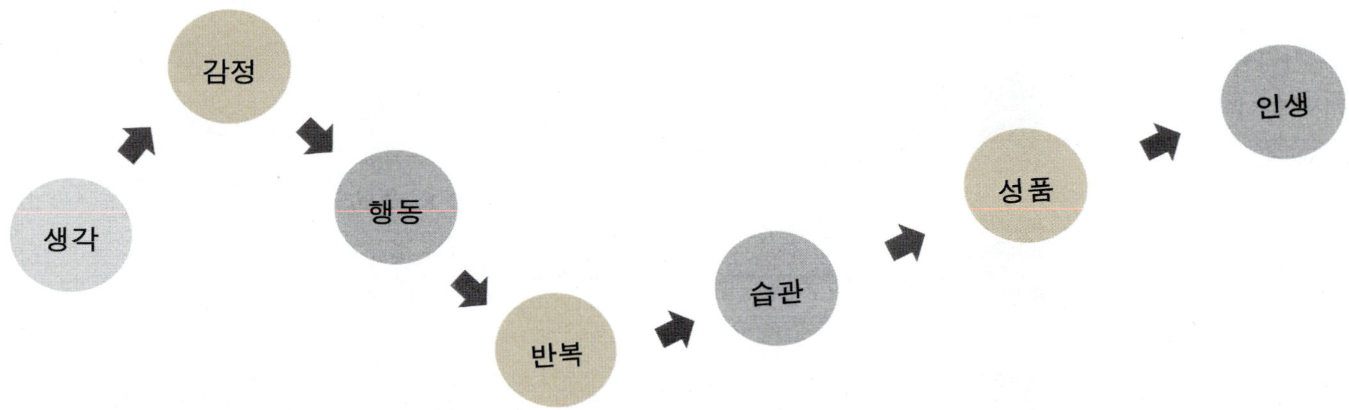

이미지를 결정하는 핵심 요소

- 말을 하지 않아도 메시지를 전달한다.
- 밝은 표정은 성공한 사람들의 기본 조건이다.
- 좋은 인간관계를 형성하게 한다.
- 성형보다 간편하게 예뻐지는 유일한 방법

11-1 첫인상을 결정짓는 요소

"인상은 운명이 아닌 개척 가능한 것이다..."
인상은 타고난 것이 아닌 자기 자신이 만들어 나가는 것.

表
겉 표

情
뜻 정

마음 속에 품은 감정이나 정서가 겉으로 드러나는 것

낯빛, 안색, 내색, 상… 심리상태, 건강상태 판단 가능

개인의 상태를 표현하는 제1의 비언어 커뮤니케이션

데일카네기의 '미소 예찬'

미소는 돈이 들지 않지만 많은 일을 한다.
받으면 부유해지지만 준다고 가난해지지 않는다. 순식간의 일이지만 영원히 기억에 남는다.
없어도 될 만큼 부유한 사람도 없고 그 혜택을 누리지 못할 만큼 가난한 사람도 없다. 가정에서 행복을 만들어 내고 사업에서는 호의를 불러 일으키며 친구간에는 우정의 징표가 된다. 피곤한 사람에게는 안식이며 실망한 사람에게는 새날이며 슬픈 사람에게는 햇살이며 곤경에 처한 사람에게는 자연이 주는 최상의 처방이다. 구입할 수 없고, 구걸할 수도, 빌릴 수도 없고, 훔칠 수도 없다…

11-2 면접의 내용

◆ 자기 소개

- 지원 동기
- 학창시절
- 개인의 인생관, 가치관
- 직업관

11-2 면접 시 감점

면접 시 감점요인이 되는 지원자의 대표적인 버릇은?
(온라인 취업포털 사람인이 기업 인사담당자 417명 대상)

1위 : 끝말 흐리기(23.9%)

2위 : 시선회피(21.6%),

3위 : 다리 떨기(10.5%)

기타 : 불필요한 추임새(8.8%), 한숨 쉬기(8.55), 말 더듬기(5.9%), 다리 꼬기(4.3%), 머리 긁적이기(2.9%),
손톱 뜯기(2.9%) 등

11-2 면접의 유형별 특징과 전략

면접유형	특 징	전 략
단독 면접	• 면접관 한 명이 지원자 한 명과 개별적 • 질의응답을 하는 일반적인 면접 방법	능력과 자질을 최대 표현, 성실히 답변
개별 면접	• 여러 명의 면접관이 지원자 한 명을 면접. • 다수의 면접관이 평가하므로 평가의 객관성과 지원자의 다양한 면을 평가	자신감을 갖고 성의 있게 답변
집단 면접	• 다수의 면접관과 다수의 지원자를 동시에 평가 • 다른 지원자들과 동시에 비교 관찰할 수 있다.	나만의 차별화, 강점 찾기 전략
집단 토론 면접	• 토론주제 제시 후 지원자들의 토론 과정 평가 • 이해력, 표현력, 발표력, 협동심, 적극성 등 평가	경청자세,리더십, 배려, 논리적 사고
프레젠테이션 면접	• 주어진 시간 동안 주제에 대한 지원자의 의견과 지식, 경험을 발표하는 기술면접	핵심키워드 잘 표현, 분석력
임원 면접	• 경험이 풍부한 임원들로 구성되어 있어 지원자의 압박감이 많은 면접. 철저한 분석으로 1분자기 소개와 첫인상이 평가점수에서 중요	진실 되고 최선을 다하는 모습 표현
영어 면접	• 영어 의사소통과 활용능력, 표현력, 글로벌 마인드 등을 평가	글로벌 마인드 실무 영어공부
다차원 면접	• 지원자와 면접관이 회사 밖에서 레저 및 술자리 등을 함께 하며 다각적인 평가	상황별 매너와 인성

11-2 면접 자세

면접 시 이미지 메이킹이 중요한 이유는 개인의 인간관계와 밀접한 관련이 있기 때문이며 나날이 증대되고 있는 이미지의 중요성을 인식하며, 심리학자들은 사람을 평가할 때, 그 사람의 지적능력, 활동보다 첫인상의 이미지로 판단을 하게 된다. 하지만 첫인상이 좋았다고 모든 관계에서 성공이 저절로 따라와 주는 것은 아니다. 하루 24시간 1년 365일, 자신의 일거일동은 자신의 이미지를 만들고, 궁극적으로 자신의 삶을 형성한다. 특히 대인관계에 있어서 한번 잘못된 인상을 심어주게 되면 그것을 만회하는데 몇 배의 시간과 노력이 필요하다. 하지만 첫 인상이 좋았다고 우리의 대인관계가 모든 일에서 성공이 저절로 따라와 주는 것만은 아니다. 특히 중요한 논점은 인간관계는 일회성이 아니라 계속 유지 발전되는 것이므로 면접시 표정, 자세, 태도에 더 많은 노력해야 한다는 것이다.

선 자세

앉은 자세

11-2 면접 이미지 분석 및 체크포인트 – 실습(기본 점수 5점)

항 목	내 용	점 수
표 정	- 미소를 담은 밝은 표정과 자신감 있는 표정을 유지한다. - 시선은 자연스럽게 면접관의 미간이나 이마 쪽을 본다. - 밝은 목소리로 명랑하게 인사를 한다.	
자 세	- 등과 가슴을 곧게 편 자세로 서 있는다. - 의자와 등 사이는 주먹 하나 정도의 간격을 두고 힙은 깊숙이 앉는다. - 턱은 당기고 시선은 정면, 상대의 눈을 본다.	
용 모	- 신뢰감을 주는 헤어스타일을 한다. - 면접에 적합한 옷차림을 한다. - 정장과 구두는 조화롭게 한다. - 메이크업은 자연스럽고 부드러우며 건강한 이미지를 표현한다.	
대 화	- 경어를 바르게 사용한다. - 최근 시사상식을 잘 알고 있다. - 정확한 발음, 밝은 목소리, 적당한 속도로 대화한다.	

11-2 면접 예상 질문 1

이력서와 자기소개서 작성법을 학습했다면 이제 면접예상 질문 리스트를 뽑아 답변을 준비하도록 한다. 또한 최근 시사상식, 유머까지도 준비하여 질문지와 답변을 꾸준히 준비하도록 한다.

Q1. 외모와 관련된 질문을 받았다면?

Q2. 이력서 관련 내용에 대해 질문을 받았다면?

Q3. 본인에 단점을 000이라 하였는데 어떻게 극복했나요?

Q4.

Q5.

Q6.

Q7.

Q8.

Q9.

11-2 면접 예상 질문 2

◆ 직종별 기출 문제 리스트 & 최근 시사상식

Q1.

Q2.

Q3.

Q4.

Q5.

Q6.

Q7.

Q8.

Q9.

Q10.

Q11.

<표정연습, 자세실습 - MEMO>

학번: 이름:

절취선

절취선

<VTR 소감문 작성> 20 년 월 일 / 학번: 이름:

영상활용 : MBC 스페셜 첫인상

Chapter 12

실전 취업전략 특강

1. 마윈의 성공과 도전

12-1 마윈 회장 이야기

중국 하면 먼저 떠오른 것이 있다면 무엇이 있는가.

바로 아날로그가 떠오른다. 표의 문자를 사용하는 중국은 디지털과 거리가 멀다고 생각할 수 있지만 이젠 PC에서 중국어를 치려면 (　　　　　)을 먼저 치고 (　　　　)로 전환버튼을 눌러야 한다. 하지만 놀랍게도 현재의 중국은 IT 발전속도가 놀라울 정도로 성장해 있다는 것이다.

2014년에 발표된 블룸버그에 따르면 세계 인터넷기업(BAT) 시가총액 순위의 TOP 10 속의 중국기업이 4개나 속해 있다는 것이다. 4개 기업으로는 바이두, 알리바바, 텐센트, 장둥상청이다. 또한 중국기업들이 지금도 지속적으로 순위권에 진입하고 있는 실정이다.

그렇다면 우리가 여기서 고민해볼 필요가 있는 건 중국이 과연 무엇으로 IT가 무한속도로 발전할 수 있었는가이다.

여러분이 생각하는 것은 무엇인가.

바로 동양에서 가장 오래된 고전인 주역에서 이미 디지털유전자를 생각해 볼 수 있다. 주역은 세상의 변화를 양효와 음효, 또 두 가지 단위의 조합으로 설명하고는 하는데, 그것이 디지털의 최소단위인 비트(BIT), 0과 1의 개념과 비슷하다고 말한다. 디지털은 존재하는 모든 정보를 바로 0과 1로 표현하는 원리로 나뉘어 본다면 바로 주역에서 세상의 변화와 이치를 음과 양으로 표현하는 것과 유사하다고 말할 수 있다.

MEMO

12-1 마윈의 성공비결

중국을 역설의 철학으로 바라보아야 한다. 더 이상 우리나라의 100배 크기의 면적, 14억의 인구대국으로 치부한다면 본질을 놓치게 된다.

마윈은 성공비결을 다음과 같이 회고한다.
“비즈니스에 비결은 없다. 그 비결에 의지하는 건 바보 같은 짓이다. 비결은 우리의 핵심경쟁력이 아니다“
우리가 초점을 맞춰야 할 점은 빙산의 일각만을 바라보는 것이 아닌 포인트는 원리를 발견할 수 있어야 한다. 다른말로 이야기하면 성공을 위해서는 (   ) 대신 (   )을 배우라고 한다.

-출처 : 양쯔 강의 악어/ 장용, 옌추친 저/강단 -

MEMO

12-1 마윈의 도전정신

중국시장이 소리 없이 깊숙이 들어오고 있다. 게다가 중국에 대한 잘못된 선입견을 가지고 있다. 우리의 머릿속에는 값싼 노동력과 짝퉁 천국이라는 것이 우리들의 머릿속에 자리잡고 있는 중국사람들의 대한 이미지이다. 그러나 지금 중국은 변하고 있고 중국에 대한 성숙한 인식을 갖지 않고 중국의 본질을 이해하지 못하며 우리의 미래 또한 예측할 수 없고 대비할 수 없게 된다. 중국은 덩샤오핑 시절 경제개방과 개혁을 외쳤고, 청년들의 창업을 촉구하며 중국경제 부활을 이야기한다. 아시아 최고부자 알리바바 마윈 회장은 당시 항저우 한 전문대학에서 작은 봉급을 받으며 영어강사로 일하고 있으면서 세 번의 창업을 시도한다. 안타깝게도 세 번의 도전 모두 실패로 끝났지만, 끝까지 포기를 모르고 1999년 알리바바를 창업하며 15년 만에 지금 세계 최고의 전자상거래 업체의 대표가 된 것이다.

미래학자 앨빈 토플러(Alvin Toffler)는 '부의 미래 ' 에서 동서양의 역전에 대해 이야기한다.

"아시아가 전 세계 경제적 산출 중 측정 가능한 부분의 65%를 차지하며 세계를 주도했다는 사실을 자주 간과하고 있다"

한가지 분명한 것은 세상의 중심축이 이동하고 있다는 것이다. 따라서 우리는 세상의 트렌드를 간과하고 취업, 창업을 고민할 수 없다.

세상의 변화를 예측하고 트렌드를 읽고 대응할 수 있도록 세상을 제대로 인지해야 할 것이다.

MEMO

"진정한 성공이란 무엇을 얼마나 이뤘느냐가 아니라 당신이 무엇을 어떻게 하느냐에 달려있다."

출처 : 알리바바 마윈의 12가지 인생강의/장옌 저/매일경제신문사

12-2 case by case

MEMO

절취선

<VTR 소감문 작성> 20 년 월 일 / 학번: 이름:

<VTR 소감문 작성> 20 년 월 일 / 학번: 이름:

절취선

<VTR 소감문 작성> 20 년 월 일 / 학번: 이름:

절취선

Chapter 13

커리어 디스커버리

1. 비전작성

2. 커리어로드맵 작성발표

13-1 비전설정

자신의 경력과 역량에 대해 점검을 하면서 미래를 그려보자. 자신의 비전과 가치, 존재 이유, 앞으로 풀어야 할 과제와 목표를 달성하기 위한 전략과 실천사항 등을 구체적으로 생각해 본다. 건강을 잃으면 아무 소용이 없듯이 일을 하면서 건강관리, 자아(自我)를 상실해서도 안되며 경력관리(Career Management)를 위해 하고 싶은 일만 골라서 할 수도 없다.

삶을 위한 목표는 측정가능하고, 달성할 수 있어야 하며, 현실적이고, 시간적인 일정이 나타나야 한다.

최근 인사관련 설문에 의하여 직장인들은 경력개발에서 가장 고려하는 사항이 자신의 "꿈"인 반면에, 기업의 인사 담당자들은 개인의 "끼" 및 "전문성"으로 나타났다. 급변하는 노동시장에 경력개발에 대한 인식의 차이는 실제로는 굉장한 현실장벽으로 존재할 수 있다.

취업(창업)을 준비하며 자기 자신을 잘 분석하는 것이 자기 경력관리의 첫 걸음이라 할 수 있다.

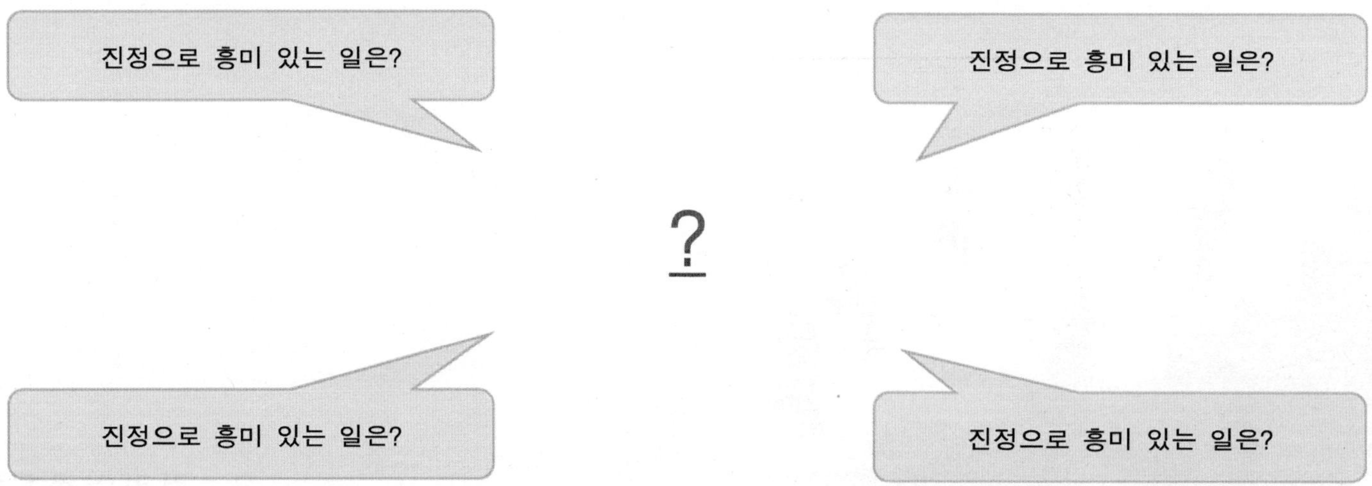

13-1 미션이란

미션이란 한 개인이나 집단에게 부여된, 또는 스스로 부여한 **소명이나 의무**를 말한다.
이것은 그 사람의 존재이유가 되며, 인생에 있어 불변의 기본 틀이 된다.
또한 인생의 의미와 목적을 설명해주고, 자신의 모든 의사와 행동을 결정하는 지침이 된다.
그렇기 때문에 미션은 ' 찾는 것 ' 이라고 볼 수 있으며, 우리가 태어나는 순간 우리 삶의 미션은 정해져 있다고 말할 수 있다.
우리는 그것이 무엇인지 찾아내고 확인하며 그에 충실한 삶을 살아야 하는 것이다.

나의 소원(김구 선생)

하느님이 너의 첫 번째 소원이 무엇이냐 하고 물으신다면 나는 대한 독립입니다 하고 대답할 것이다.

두 번째 소원이 무엇이냐 하고 물으신다면 그 역시 대한 독립입니다 하고 대답할 것이다.

세 번째 소원이 무엇이냐 하고 물으신다면 그 역시 대한의 완전한 자주독립입니다 하고 대답할 것이다.

13-1 미션의 중요성

그럼, 자신의 미션을 찾기 위한 준비를 한번 해볼까?
여러분이 만약 죽었다고 생각해보세요. 여러분은 죽어서 관속에 누워있고 평소 여러분과 가까웠던 사람들이 문상을 온다.
여러분은 그들을 볼 수 있고 그들이 하는 말을 들을 수 있다면, 문상 온 그들은 여러분에 대해 무슨 말을 할까?
여러분이 일관된 삶의 모습을 보였다면 사람들의 평가는 일관되게 한두 가지로 압축될 것이다.
그러나 여러분이 뚜렷한 목적 없이 삶을 산다면 사람들의 평가도 일관되지 못하고 단편적인 여러분의 이미지들로 채워질 것이다.
그렇다면 미션을 찾기 위해서는 어떻게 해야 할까?

미션이 있으면 좋은 점

1. 자신의 삶에 대한 깊은 이해를 돕는다.
2. 자신에게 무엇이 중요한 것인가를 분명히 한다.
3. 삶에 방향성을 부여하고, 스스로 약속하게 한다.

13-1 미션의 3가지 요소

미션에는 세가지 속성으로 대상, 가치, 행동 3가지 요소가 있다 .

대상 →

- 나는 누구를 위해 존재하는가?
- 누구와 함께, 누구에게 영향을 미칠 것인가?

가치 →

- 나는 무엇을 추구하는가?
- 우리가 죽을 때까지 지키고 간직하고 싶은 것은 무엇인가?
- 우리는 무엇을 남기려고 하는가?

행동 →

- 나는 어떤 일에 흥분하는가?
- 어떤 일이 나를 몰입시키며 의미 있게 만드는가?

◆ 대상

◆ 가치

◆ 행동

13-1 꿈과 사명서의 의미

국어사전에서 '꿈(Dream)' 단어를 찾으면 '실현하고 싶은 희망이나 이상', '실현될 가능성이 아주 적거나 전혀 없는 헛된 기대나 생각'으로 검색된다.

꿈 Dream

- 실현하고 싶은 희망이나 이상
- 실현될 가능성이 아주 적거나 전혀 없는 헛된 기대나 생각

사명서

- 내 인생의 헌법
- 자신의 마음 속에 있는 꿈과 목표를 현실로 만드는 중요한 행동

비전 설정원리	미션(Mission) 예
1. 현재 자신이 가지고 있는 한계에서 벗어나라 2. 큰 비전을 세워라 3. 글로 써라 4. 구체적인 비전을 세워라 5. 시각화하라	1. 월마트 : 서민에게도 부자처럼 같은 제품 구입할 기회제공 2. 소니 : 공익을 증진하는 기술발전과 나눔의 철학 3. 나이키 : 경쟁, 승리, 경쟁자를 물리치는 경험

13-1 비전의 정의와 이해

비전(vision)이란 개인이나 조직의 바람직한 미래상을 표현한 것으로서 현재보다 더 낫거나 성공적이고 바람직한 미래의 청사진을 구체적으로 그려놓은 목표, 즉, 비전은 어떤 일을 통해 이루고자 하는 미래상을 표현한 것이다. 비전이 있는 것과 없는 것의 차이는 예컨대, 똑같이 가난한 환경의 조건에서, 비전을 가진 사람은 라면을 먹더라도 직장 생활과 사업을 할지라도 꿋꿋하게 자신의 길을 걸어 갈 것이고, 비전이 없는 사람은 5년,10년이 지나도록 아무 것도 못하고, 남을 탓하고, 무엇 때문에 라는 핑계를 대며 지내게 될 것이다.

정리하면 비전이란, 장래에 실현되어야 할 바람직한 모습으로, 미션을 달성하기 위한 구체적인 목표 즉 5년 내지는 10년 정도 후에 달성할 목표라고 할 수 있다. 그렇기 때문에 비전은 만드는 것이라고 할 수 있다.

원하는 목표가 명확하다면 목표를 향해 일상을 조절할 수 있듯이, 여러분도 명확한 목표를 가지고 있다면 그것을 위해 시간과 노력을 투자하는 것이 무조건 힘들고 어려운 일은 아닐 것이다.

미 션	비 전
안정적임	변화함
개인의 핵심가치	원시적 욕구
MISSION	VISION

13-1 비전 상실 증후군

'삶은 개구리 증후군(The boiled frog syndrome)'

건강한 개구리를 물이 담긴 비커에 넣고 가열을 시작한다. 처음에 여유 있게 움직이던 개구리가 점차 열이 가해지자 밖으로 뛰어나오려고 애를 쓰지만, 결국에는 비커 속에서 죽고 만다.

이 현상을 심리학 용어로 '삶은 개구리 증후군(The boiled frog syndrome)' 이라고 한다.

'삶은 개구리 증후군' 은 다른 말로 '변화 무지 증후군' 또는 '비전 상실 증후군 '으로도 불린다. 현실에 안주하는 것은 지금 이 시간은 편하지만 미래를 알 수 없다. 현실의 안락함에 길들여지면 변화에 둔감해지고 자신도 모르는 사이 세상의 큰 흐름에서 낙오되기 마련이다. 변화를 두려워하거나 세상의 변화를 회피하기보다는, 새로 배우고 도전하면서 세상의 변화를 이끌어가야 한다.

<미국의 코넬 대학교 연구팀>

<비전 미션 카드>

"나에게는 꿈이 있습니다! "

"그것은 (어떠한) (직업인)이 되어 ········ Mission

(어떤) 일을 하는 것입니다." ········ Vision

13-1 비전 로드맵

왜 인생설계인가?

삶은 변수가 너무 많아 본인의 뜻대로 원하는 방향으로 살아 갈 수는 없지만 목표를 설정하고 그것을 향해 꾸준히 삶을 주도해 나간다면 내 인생의 주인이 될 수 있다. 그러기 위해 내 삶의 비전을 갖고 인생설계를 통해 미래를 계획해 보자.

실 태	대 안
(1) 정체성이 없다.	- 자신에 대한 깊이 알기(생물학적 나, 역사적인 나, 사회적인 나, 심리적인 나)
(2) 자존감이 약하다.	- 나 인정하기, 나 존중하기, 나답게 살기
(3) 비전이 없다.	- 비전의 수립 - 구체적인 목표 수립과 로드맵 만들기 - 대학생활 로드맵 만들기
(4) 자립심이 약하다.	- Coaching형 수업 진행(Mentoring) - 자기 주도형, 참여, 체험형 프로그램 운영 - 포트폴리오 만들기(피드백)
(5) 인성 부족	- 감사일기, 칭찬, 샤워, 긍정마인드 - 소통과 협력조 활동
(6) 낮은 취업률	- 先 인생설계, 後 취업준비 - 4년 후를 겨냥

13-2 목표를 세우는 방법

목표를 세우는 방법 첫 번째는, 동기부여가 될 수 있도록 크고 도전적인 목표를 세우라는 것이다.
어떤 목표라도 성취할 수 있는 타고난 능력을 가지고 있다고 상상해보라. 진정으로 되고 싶은 것, 갖고 싶은 것, 하고 싶은 것은 무엇인가?
삶의 의미와 목적을 일깨워주는 활동은 무엇인가?
현재 개인적 삶과 직업적 삶을 바라보고 나에게 변화가 필요하다면 어떤 변화가 있어야 하는가? 가장 중요한 목표를 성취하기 위해 치러야 할 대가는 무엇인가? 위의 질문들에 대한 대답의 결과 지금 당장 취해야 할 행동은 무엇인가?
1972년 라이프 잡지에 47세의 남자 존 고다드를 주제로 " 한 남자의 후회 없는 삶 " 이라는 기사가 게재된 적이 있었다.
그 기사로 인해 라이프 잡지는 사상최고로 많은 판매부수를 기록할 수 있었는데 존 고다드는 1940년에 자신의 노란 수첩에 삶을 살아가는 동안 꼭 하고 싶은 것 , 즉 인생의 꿈들 127가지를 적어 놓았다. 누구나 한번쯤은 그런 것들을 적어 봤을 것이다.
그러나 그는 127가지 꿈을 차곡차곡 실천하여 47세 때 127개의 리스트 중 103개를 실천할 수 있었다.

13-2 목표를 세우는 방법

빅터프랭클 Dr. Victor Frankl(1905-1997)

우리에게 잔인하기로 유명한 아우슈비츠 수용서안의 극한의 환경 속에서 인간에게 일어나는 심리상태를 3단계로 설명한다.
충격, 희망, 무감각, 절망, 그리고 삶과 죽음이라는 극한 환경 속에서 우리 사람이 유지되는 가장 중요한 원인은 삶의 이유, 즉 목적이라는 것이다. 최악의 상황 속에서 인간은 끊임없는 선택을 보여주며 그 선택을 통해 스스로의 삶을 만들어간다.

"인간이 가지고 있는 최후의 자유는 어떤 상황에서도 자신의 행동을 선택할 수 있다는 것,즉, 자신의 운명을 선택할 수 있다는 것."

(Man's search for meaning, 1963)

<하프타임(half time)-VTR영상 보고 소감 공유하기>

인생을 돌아보는 하프타임에 삶의 전 영역을 균형 있게 살고 있는지 점검해 본다.

13-2 목표설정(V-M-O)

◆ 목표의 중요성

자기 인생에 대해 확고한 목표를 가지고 있는 사람들은 몇 %나 될까?

%

놀랍게도 (   )%를 제외한 (   )%의 사람들이 자기 인생에 대해 확고한 목표가 없다고 한다.

인간은 생각하는 바 그대로 될 것이라고 확신한다.

성공을 원한다면 우선 뚜렷한 목표를 세우도록 한다.

Joel Barker의 시

Vision without Action is merely a dream.

Action without Vision just passes the time.

Vision with Action can (   ) THE WORLD.

13-2 목표를 세우는 방법

목표는 동기부여가 될 수 있도록 크고 도전적인 목표를 세워라

'네 안에 잠든 거인을 깨워라'의 저자 엔서니 라빈스와 동료의 대화를 통해, 크고 도전적인 목표가 왜 중요하며, 목표가 자신을 동기부여 시킬 때 어떠한 의미를 가지는지에 대해 다음과 같이 말하고 있다.

본문 中

당신은 게으른 것이 아닙니다

단지 (   )가 작았을 뿐입니다.

- 네 안에 잠든 거인을 깨워라 본문 中 -

*** 목표를 성취하는 방법**

① 한걸음 한걸음 나아갈 수 있는 인내와 끈기의 과정이 필요함

◆ 생각해보기(조별 토론 후 작성 후 발표/ 2점 부여)

<미래 이력서 TOD O리스트 >

5년 후의 직업생활 상상 - 미래 이력서	
년도 ~ 년도 : 무슨 일을 하고 있을까?	
어디에서 누구와 어떤 직책으로 함께 일하고 있을까?	
어떤 기술과 능력을 지니고 있을까?	
어떤 목표를 성취하게 될까?	

<관련영상>

13-2 목표를 세우지 않는 7가지 방법

'피닉스 리더십'의 브라이언 트레이시(Brian Tracy)는 사람들이 목표를 세우지 않는 이유가 7가지 있다고 한다. 그 이유에 대해 살펴보자.

목표를 세우지 않는 7가지 이유

– 피닉스 리더십 본문 中 –

어떤 일을 할 수 있다고 믿든, 할 수 없다고 믿든…….아마도 당신이 믿는 그대로 될 것이다.

-헨리포드-

13-2 목표를 세우지 않는 7가지 방법 2

목표를 세우지 않는 7가지 이유

– 피닉스 리더십 본문 中 –

13-2 목적과 목표의 명확한 원칙

목표들을 분류하고 체계화하는 방법을 살펴보면 우선 목표를 장기목표와 단기목표, 즉시목표로 구분할 수 있다.

장기목표는 보통 3년 정도가 소요되는 목표를 말하며, 장기목표가 있으면 장기목표를 기준으로 일을 일관적으로 추진해 나갈 수 있고, 일시적인 실패를 이겨낼 수 있는 인내심을 준다.

단기목표는 그 결과가 빠른 시간 내에 나타난다.

그렇기 때문에 작은 성공들을 통해 열정과 동기를 유발해 주고, 실패나 위험이 있을 때 빨리 번경할 수 있다.

단, 단기목표가 달성된다고 그것이 곧 장기목표의 성공을 보장하는 것은 아니라는 점이다.

주의할 점은 단기목표의 성공에 도취되어 장기목표를 위한 노력을 게을리해서는 안 된다는 것이다.

마지막으로 즉시목표는 하루 이틀 이내에 긴급하게 처리해야 할 목표로 바로 행동으로 옮겨야 할 목표라고 할 수 있다.

이러한 목표들을 수립할 때는 장기목표를 먼저 세운 후 그 토대 안에서 단기적인 목표를 수립해야 한다.

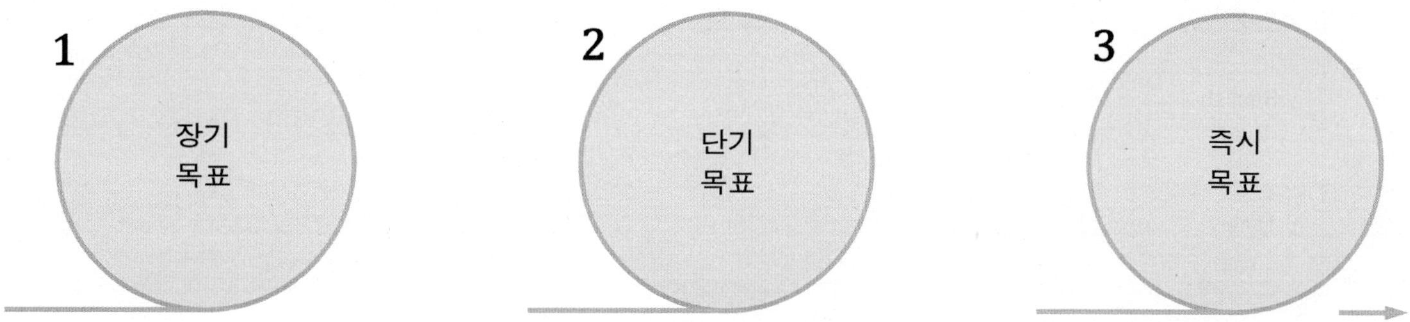

13-2 나의 꿈을 위한 목표설정

'완벽한 목표'의 함정에 빠지지 마라'

목표 성취를 위해 필요한 시간, 돈, 친구, 능력, 재원 등이 충분하다고 믿고 마음껏 상상하면 놀라운 일이 일어날 것이다.

① Specific: 목표

ex)

② measurable: 목표

ex)

③ Action-oriented:

ex)

④ Realistic:

ex)

⑤ Timely:

ex)

13-2 Self Image Choice

	내용	1	2	3
A	삶의 가치 있다고 생각하는 것 3가지			
B	존경하는 인물과 이유			
C	A와 B에서 단어 3개를 선택			

<Think About>

이 세상에서 당신이 가장 중요한 사람이라고 느낄 수 있게 해주는 것이 무엇인지 말해보라.
그러면 내가 당신의 인생철학을 말해주겠다

-데일 카네기-

13-2 목표의 기능

첫째, 인생항로의 (   )역할을 한다.

둘째, 어떤 어려움도 극복할 수 있는 (   ),즉 힘이 된다.

셋째, 강력한 (   )이 된다.

넷째, 잠재력 개발을 위한 (   )이다.

"소중한 일이 사소한 일에 좌우되어서는 안 된다"
-괴테(Goethe)-

13-2 커리어 맵

중국 모소 대나무는 씨를 뿌리고 나서 5년 동안은 작은 순 말고는 아무런 변화가 없다. 그러다 5년이 지나면 갑자기 25m 높이로 성장한다. 5년째 되는 날부터 하루 무려 30m가 넘게 자라고 6주 만에 15m 이상을 자라며 빽빽하고 울창한 대나무 숲을 이루게 되는 것이다. 바로 중국 극동지방에서만 자라는 희귀종 '모소 대나무' 특징이다. 대나무 성장과정을 통해 우리가 삶을 살아가거나 업무를 수행하는 데 시사하는 바를 깨달을 수 있다.

진로개발과정에서 본인이 설정했던 진로목표와 장중단기 계획이 포함된 커리어 로드맵(career road map)의 작성을 통해 자신의 경력개발을 점검해보자.

커리어로드맵은 자신의 생애목표를 성취하기 위해 필요한 과업을 구체적으로 담고 있는 실행계획으로 지속적으로 수정, 보완, 확대해 나가도록 한다 .

<관련 영상보기 - 시사점 요약>

① 모소 대나무 : www.youtube.com

② 내 삶을 가치 있게 하는 것은(What makes life worth living?)

13-2 커리어 맵

건강하고 행복하게 오래 사는 것은 개인적으로 흥미 있고 가치 있는 일을 하고, 다른 사람들의 삶에 기여한 결과이다.

-한스 셀리(Hans Selye)-

<정신적/지적 차원의 쇄신>

① 신문을 읽어라. 신문은 사건을 만나고 문제를 푸는 좋은 장소가 된다.

② 경구들을 살펴보라. 위인들의 사상은 우리 정신을 자극시켜 준다.

③ 책을 읽으라. 최신 정보 집합체이며 마음을 열게 하고 넓혀준다.

④ ?

<영적 차원의 쇄신>

① 자연을 보고, 듣고, 관찰하라

② 성실하게 살아라

③ 당신의 사명서를 작성하고 검토하고 다듬어라.

④ ?

13-2 커리어 맵 - Life Wheel

배를 타면 배의 균형을 잡아주는 평형수가 있다. 인생도 마찬가지다. 육체적, 정신적으로 균형,조화가 이뤄져야 진정한 삶의 만족도를 갖게 된다. 라이프 휠의 각 항목은 개인의 생애주기나 가치관에 따라 얼마든지 변화할 수 있고 선택 조정될 수 있다.
여러분이 매긴 점수를 토대로 나온 이 그래프를 라이프 휠이라 한다. 라이프 휠은 성공과 관련되어 있는 7가지 요소들을 그래프로 표시해 놓은 것으로 (   )가 잘 굴러 가듯이 라이프 휠이 (   )에 가까울 수록 행복감과 충만감을 느끼고 있다는 것을 의미한다.

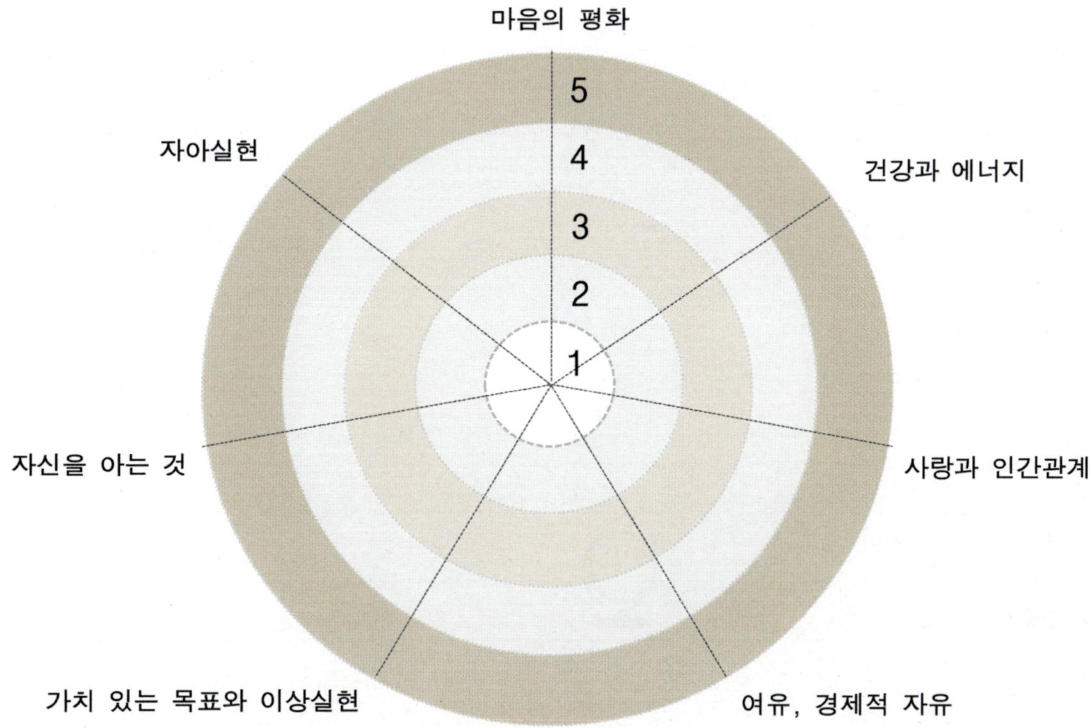

Life Wheel - Worksheet

Brian Tracy PHOENIX LEADERSHIP참고문헌

13-2 나의 꿈을 위한 목표설정

1) 버킷리스트 만들기
2) 5년 후의 내 모습
3) 나의 묘비명 만들기

버킷리스트	5년 후의 내 모습	나의 묘비명
		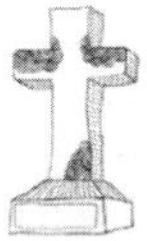

"사명이란 만들어 내는 것이 아니라 찾는 것이다"
-빅터 프랭클(Viktor Frankl)-

절취선

절취선

13-2 내 인생 비전설계(발표)

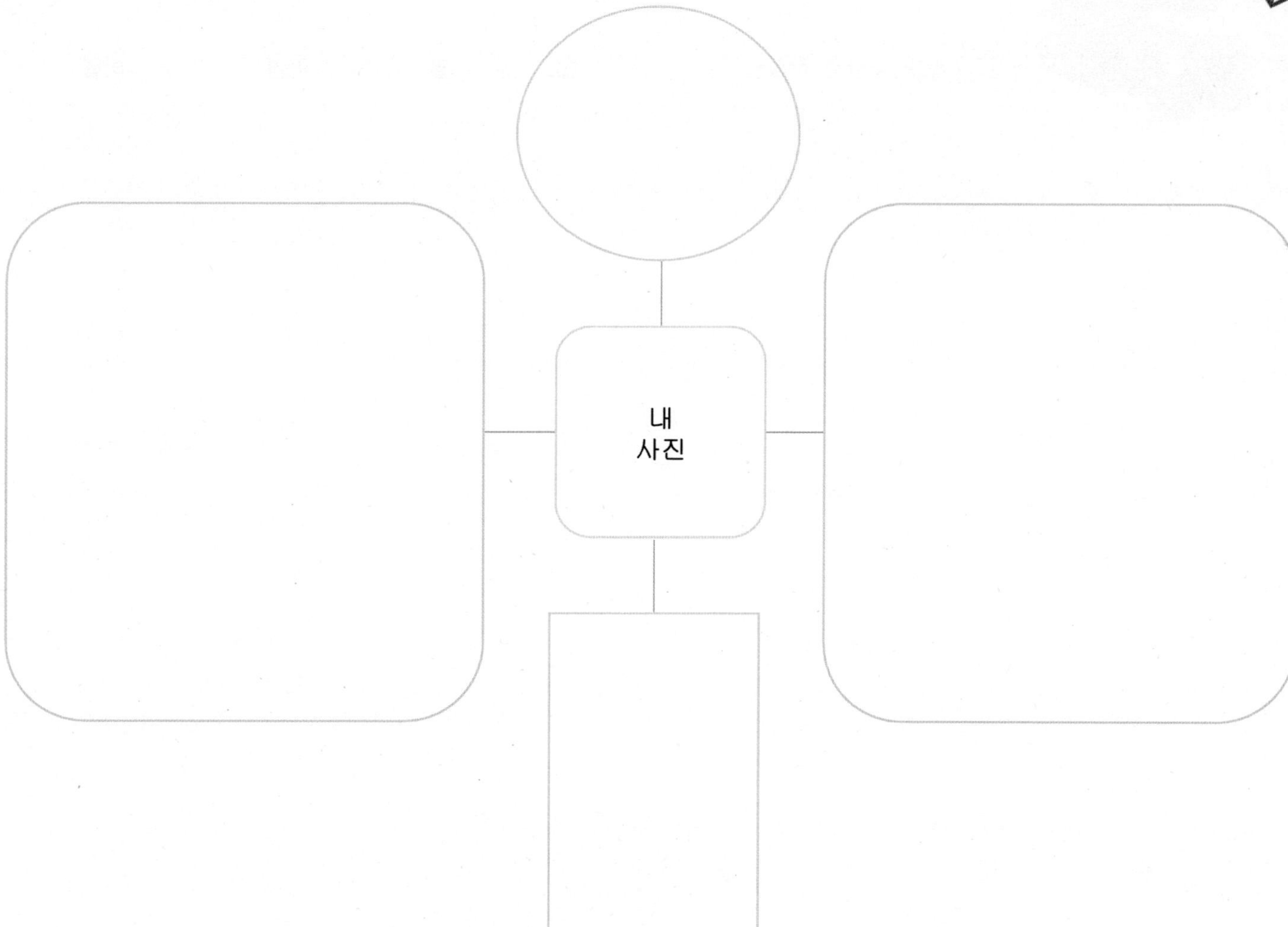

절취선

<VTR 소감문 작성> 20 년 월 일 / 학번: 이름:

부록[국민대 웹진 uniK vol. 42 – 관계의 심리학] 행복과 가까워지고 싶은가? 사람을 가슴에 새겨라

사람들은 자신이 하고 싶은 일을 할 때 큰 기쁨을 느낀다. 하지만 많은 사람들은 현실의 벽에 부딪혀 '하고 싶은 일'보다는 '해야 될 일'을 선택하는 경우가 적지 않다. '단군 이래 최대 스펙'이라는 표현이 쓰일 만큼 뛰어난 외국어 실력과 각종 자격증을 취득했음에도 요즘 청춘들은 여전히 불안에 떨고 있다. 목표를 설정해 철저히 준비하는 과정도 중요하지만, 목적이 없는 목표 설정으로 '삶의 행복이 무엇인지'를 놓치고 있기 때문이다. 그렇다면 우리가 행복하려면, 어떤 방향으로 인생을 설계해야 할까? 그에 대한 답은 바로 내 주변에 있는 사람들과의 관계에서 찾을 수 있다. 글 | 최인희(경기대서비스경영대학원 초빙교수, BTK 기업교육인재개발원장)

[출처] [국민대 웹진 **uniK vol. 42** – 관계의 심리학] 행복과 가까워지고 싶은가? 사람을 가슴에 새겨라 | **작성자** 국민대학교

부록[국민대 웹진 uniK vol. 42 – 관계의 심리학] 행복과 가까워지고 싶은가? 사람을 가슴에 새겨라

또 다른 행복의 원동력, 관계

최근 뉴스를 보면 행복이라는 키워드가 자주 부각되고 있다. 어떻게 하면 개인이 더욱더 행복해질 수 있는지 그리고 행복한 개인이 조직의 생산성에 얼마나 긍정적인 영향을 미치는지에 대한 연구 결과가 주를 이룬다. 이처럼 행복에 대한 연구가 활발한 것은 우리의 삶이 그만큼 '행복하지 않다'는 방증이기도 하다. 과거 기업체 임직원들이나 연예인들의 연이은 자살 소식을 접하고, 누구나 '행복이 무엇인지'를 깊이 생각해본 적이 있을 것이다. 부와 명예, 사회적인 명성을 가진 이들에게도 행복은 보장되지 않았기 때문이다. 그리고 그 불행의 시작은 안타깝게도 사람과의 관계 속에서 비롯되는 경우가 적지 않았다. 인간은 관계를 통해서 삶의 역동성을 만들어 내기도 하고, 반대로 관계로 인해 인생을 살아갈 힘조차 잃어버리기도 한다. 다시 말해, 인간관계는 곧 살아가는 힘이 되고 행복의 원동력이 될 수도 있지만, 소중한 사람과의 관계가 틀어지면, 혼자 있을 때보다 사람을 더 외롭고 괴로워지게 만든다. 사람 간의 관계 속에서 얻어낸 성과물은 경쟁에서 승리했을 때 느끼는 가치 이상의 것. 즉, 살아야 하는 이유를 알게 해줄 것이다. 사람을 만나고, 그들과의 관계 속에서 느끼는 좋은 감정은 행복의 의미를 깨닫게 해준다. 진정한 행복을 꿈꾸고 있다면, 사람의 마음을 가슴에 새겨야 한다.

[출처] [국민대 웹진 **uniK vol. 42** – 관계의 심리학] 행복과 가까워지고 싶은가? 사람을 가슴에 새겨라 | **작성자** 국민대학교

부록[국민대 웹진 uniK vol. 42 – 관계의 심리학] 행복과 가까워지고 싶은가? 사람을 가슴에 새겨라

무시할 수 없는 인맥의 중요성

필자는 소통 전문가로 그 동안 대인관계에 대한 수많은 강연을 해왔다. 한 강연장에서 "사람과의 관계에 있어 가장 힘든 것이 무엇이냐" 고 학생들에게 물어본 적이 있다. 대다수 학생들은 "가족, 이성이나 동성 친구 간에도 어느 순간 눈치를 보게 되는 것이 힘들다"고 했다. 이 답변에서 '눈치를 본다는 것'은 나와 다른 타인의 성향, 생활습관 등에 예민하게 반응한다는 의미로 해석할 수 있다. 누군가와 진심으로 가까워지고 싶다면 다른 점보다는 공통점을 찾아야 한다. 이것이 사람들과 빨리 가까워지고 부드러운 관계를 시작할 수 있는 좋은 방법이다. 하지만 사람들은 소위 다른 사람과 좋은 관계를 유지하고 싶어도 돈과 시간이 부족하다거나, 지연, 학연, 혈연이라는 연결고리 없이는 관계가 깊어지기 어렵다고 한탄한다. 다음 글을 읽어보며 이 부분에 대해 다시 한 번 생각해보자. 라디오 진행자로 활동 중인 박경림은 과거에 방송에서 만난 인연으로 히딩크 감독과 저녁식사를 함께 하게 된 적이 있다. 2002년 월드컵 '4강 신화'로 온 국민을 행복하게 한 히딩크를 위해 박경림이 준비한 선물은 멀티미디어 기기인 'PMP'였다. 비행기로 이동하는 시간이 많은 히딩크를 배려한 선물이었다. 게다가 박경림은 히딩크 감독이 지휘했던 경기와 스포츠 영화 등이 저장된 USB메모리도 함께 건넸다. 이에 히딩크는 진심으로 감동했다. 그날 만남을 계기로 히딩크는 박경림을 자신의 네덜란드 집으로 초대했고, 그 이후에도 두 사람은 돈독하게 우정을 쌓아 나갈 수 있었다. 좋은 만남, 행복한 관계를 맺기 위해서는 내가 먼저 마음의 문을 열어야 한다. 박경림과 히딩크의 이야기처럼, 상대에 대한 진심 어린 배려는 단 기간에 친밀감을 형성하게 한다. 하버드에서 MBA 과정을 이수한 일본 작가 오카지마 에츠코는 한 언론과 인터뷰 중, 다음과 같이 말했다. "하버드대에서 배운 가장 중요한 과목은 인맥 수업이에요. 당신이 '누구를 알고 있느냐'가 '당신이 누구인지' 보다 훨씬 중요하다는 것을 배웠죠." 또 하버드대 벨연구소의 최우수 연구원을 대상으로 '인간관계가 한 사람의 성공에 어떠한 영향을 미치는지'를 조사한 결과에서도 인맥의 중요성이 그대로 드러났다. 조사 결과를 보면 전문적 능력에 기대 성공한 사람이 조사 대상 중 26%, 집안 배경에 기대 성공한 사람이 5%, 인간관계에 기대 성공한 사람이 69%로 나타났다.

[출처] [국민대 웹진 **uniK vol. 42 –** 관계의 심리학] 행복과 가까워지고 싶은가? 사람을 가슴에 새겨라 | **작성자** 국민대학교

부록[국민대 웹진 uniK vol. 42 – 관계의 심리학] 행복과 가까워지고 싶은가? 사람을 가슴에 새겨라

<u>사랑은 삶의 에너지이저</u>

누군가를 가슴에 두고 사랑한다는 것은 한 사람의 생애를 만나는 것이다. 두 마음이 하나 된다는 것은 참으로 어렵고 힘든 일이다. 마음을 끌어당기는 사람과의 사랑은 미루지 말라. 내가 지금 하고 있는 사랑, 당신이 지금 하려고 하는 사랑, 그것이 어떤 상황이든 사랑을 하는 사람은 아름답다.

모든 사람은 다양한 스펙트럼을 갖고 있다. 각기 다른 삶의 명암과 색채를 갖고 있는 것이다. 그 다양성을 인정하기 시작하면, 인연의 폭은 넓어지고 친밀감은 두터워질 수 있다. '연애를 잘하는 사람이 사업도 잘하고 결혼도 잘 한다'는 말이 있다. 이를 다르게 말하면, 사랑에도 기술이 필요하다는 것이다. 철학자 에리히 프롬이 사랑을 '능력'이라고 표현한 것처럼, 사랑하는 기술은 결코 어설픈 잔재주가 아니다. 전쟁에 나갈 때 전략이 필요하듯이 사랑의 결실을 맺기 위한 과정에서도 연애 기술이 필요하다. 그렇다면 이 수천만 가지의 각기 다른 명암과 색채를 갖고 있는 사람 중 '내 사람'은 어디 있을까? 그리고 어떻게 그 사람에게 자신의 매력을 발산하고 좋은 만남을 이끌어갈 것인가? 이 궁금증에 대한 답도 결국 우리 모두가 속해 있는 관계 속에서 찾을 수 있을 것이다.

[출처] [국민대 웹진 **uniK vol. 42 –** 관계의 심리학] 행복과 가까워지고 싶은가?
사람을 가슴에 새겨라 | **작성자** 국민대학교

부록[국민대 웹진 uniK vol. 42 - 관계의 심리학] 행복과 가까워지고 싶은가? 사람을 가슴에 새겨라

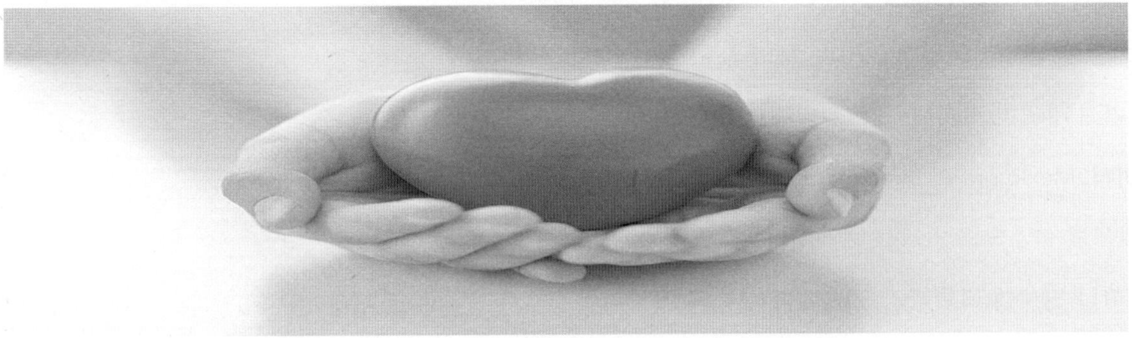

사랑은 삶의 에너자이저

지금은 농사가 모두 기계화되어 편해졌지만 옛날엔 소로 밭을 갈아야만 했다. 그래도 우리나라는 땅이 비옥해서 소 한 마리가 밭을 갈지만, 중동 지역은 땅이 척박해서 한 마리가 아닌 두세 마리, 심지어는 다섯 마리까지 동원해 밭을 간다고 한다. 그런데 소 다섯 마리가 아닌 두 마리로 충분히 밭을 갈 수 있는 방법이 있다. 바로 수소 옆에 암소 한 마리를 두는 것이다. 수소가 힘들어할 때마다 수소의 뺨을 암소가 핥아주게 되면 그새 힘이 솟아 금세 할 일을 끝낼 수 있다는 이야기다.

사람관계에서도 매한가지다. 우리의 삶을 잘 들여다보면 우리에게는 그 무엇보다 '사랑' 이 필요하다는 것을 알게 된다. 사랑은 사람을 변화시키는 유일한 힘이다. 서로가 서로를 격려하고 인정해주면 누구든지 엄청난 일을 해내기도 한다. 하지만 타인을 향한 관심이 없으면 사랑을 쉽게 놓치게 된다. 그러니 서로 칭찬해주고 격려하고 신뢰하라. 그리고 지쳐 보이는 그(그녀)에게 때때로 격려와 사랑을 표현해주면, 상대는 당신을 대화가 통하는 동반자로 귀하게 여길 것이다. 다만 한 사람만 사랑하고 다른 모든 사람에게 무관심하다면 그것은 사랑이 아니라 확대 해석된 이기주의일 수 있다. 진짜 연애는 나를 비롯한 주위 사람들을 두루 관심으로 살피고, 더불어 자신의 삶도 사랑하는 것이다. 희망을 품은 열정적인 사랑과 관계 속에서 여러분의 찬란한 꿈을 지혜롭게 찾아나가길 기원한다. 그 선택은 오로지 자신만이 할 수 있다는 점도 잊지 말아야 한다. 어떠한 인생을 살 것인지 다음 질문에 조용히 답해보라.

[출처] [국민대 웹진 **uniK vol. 42** – 관계의 심리학] 행복과 가까워지고 싶은가? 사람을 가슴에 새겨라 | **작성자** 국민대학교

<References>

마사토시, 꿈을 이루어주는 한 권의 수첩, 북폴리오, 2004.

오준일.김동민.최인희, 합격자기소개서70選, 북마에스트로, 2013.

이홍, 창조습관,변화와 위기의 시대, 개인과 기업의 마지막 생존전략, 더숲, 2010.

브라이언 트레이시, Maximum Achievement,황금부엉이, 2010.

김세우, 비전: 인생을 성공으로 이끄는 셀프리더십, 서울, 한솔아카데미, 2007.

신상훈, 기업은 이런 인재를 원한다, 경기, 21세기북스, 2009.

이재희, 최인희, 비즈니스 커뮤니케이션, 한올, 2014.

김보경 외, 성공적인 취업과 자기역량 강화, 한올, 2014.

황매향 외, 진로탐색과 생애설계, 학지사, 2010.

권창미 외 대학생활과 진로탐색, 학지사, 2016.

이의용, 스무 살 나의 비전(2판), 서울:학지사.2015.

김은영, 인성과 리더십, 양성원, 2016.

조벽, 인성이 실력이다, 해냄출판사, 2016.

통계청(http://kostat.go.kr)

워크넷(http://www.work.go.kr)

커리어넷(http://www.career.go.kr)

<References>

Holland,V A.(1992).Making vocational choice : A theory of vocational personalities and work environment. Englewood Cliffs, NJ: Prentice Hall.

Erikson, E.H. The life cycle completed:A review. New York: Bantam Book. 1963.

김주 한국MBTI연구소(www. mbti.co.kr)

신문기사: 경향신문 참고철(2014), 직업과 자기계발 대학생매뉴얼 교재, 서울:세움

한국직업능력개발원(1999).한국인의 직업윤리. 서울: 한국직업능력개발원

양찬석, 내 삶의 주인공은 바로 나, 서울: 삼양미디어, 2005.

최인희, 관광서비스종사원의 이미지메이킹과 셀프리더십및 커뮤니케이션이 조직성과에 미치는 영향, 경주대학교일반대학원 박사학위 논문.2013.

이홍재, 나를 새롭게 바꾸는 21가지 법칙.서울, 오늘의 책, 2003.

이기대. 스무살 이제 직업을 생각할 나이. 서울: 미래의 창. 2004.

장옌, 알리바바 마윈의 12가지 인생강의 /매일경제신문사/2014.

앨빈토플러, 하이디 토플러 ,부의미래/청림출판/2006

- 학력 : 동국대 언론정보대학원 경영학석사
  경주대학교 관광경영학박사

現) 명지전문대학교 외래교수
배화여자대학교 외래교수
경기대서비스경영대학원 초빙교수
BTK(BRIAN TRACY KOREA)기업교육인재개발원 원장

- KORAIL 유통 제안평가 심사위원
- 한국산업인력공단 평생능력개발 중소기업 핵심직무 능력 교수 [CS강사 양성과정 컨텐츠공동개발]
- ICPI (전문 강사 자격 시험) 심사위원
- 도봉구청 민원안내도우미 제안서 평가위원 심사위원
- KINTEX CS고객만족도 조사 평가위원 심사위원
- 보건복지부 노인일자리 창출 교안개발

생애설계와 취업전략

1판 1쇄 인쇄 — 2016년 8월 25일
1판 1쇄 발행 — 2016년 8월 30일

저 자 - 최 인 희
발 행 인 - 강 철 원
발 행 처 - 양 성 원
주 소 - 경기도 파주시 월롱산로 71(야동동)
전 화 - 031-946-3861(代)
팩 스 - 031-946-3864
이 메 일 - tnwpub@naver.com
출판등록 - 2015년 8월 31일 제 2015-000211 호

ISBN 979-11-87118-79-4

정가 13,000원